Avant de démarrer vos !

Dans ce livre vous trouverez de quoi apprendre, experimenter et découvrir la pâtisserie "sans gluten & sans lactose" exempt egalement de soja.

Le soja n'est évidemment pas nocif pour la santé et vous pouvez, si vous le souhaitez, l'inclure à la place des yaourts ou autres laits végétaux que je vous proposerez si vous y tenez.

Je me suis basé, pour écrire mes livres de recettes, sur ma propre pratique en tant que personne intolérante au lactose, sensible au gluten ainsi qu'au soja.

Dans certaines recettes je pourraient eventuellement vous proposez d'inclure du "lait sans lactose" ou autres fromage frais "sans lactose".
Le lactose, étant le sucre du lait, s'il a été supprimé mecaniquement du lait, il n'est pas censé vous poser de problèmes digestifs. Si c'est le cas je vous invites à vous renseigner davantage sur votre tolérance subjéctive et chercher si le lactose est le reel problème ou si vous êtes potentiellement sensible egalement au lait en lui-même ou à ses proteines.

Il vous sera toujours proposer une alternative à cela si vous êtes non seulement intolerant au lactose mais aussi aux proteines de lait ou allergique aux produits laitiers tout simplement.
"Sans lactose" ne veut pas dire "Sans lait", ces deux termes sont différents car l'un mentionne l'absence d'un composant (le sucre) et l'autre la suppression total du produit brut.

Pas l'inquiétude, je sais bien que tout cela est parfois compliqué à décortiqué, moi la première j'ai eu des difficultés au début de ma transition culinaire. J'espere vous donner le maximum de clés pour êtres de consommateurs(trices) avertis.

Soyez assuré que les quelques recettes proposés avec un produit laitier sont rare et facilement remplaçables comme expliqué plus haut.

Dans chaque recettes plusieurs alternatives vous sont proposez pour plus de flexibilité et inclure chaque personnes car nous n'avons pas tous et toutes les mêmes tolerances.
Il me semblait important d'inclure ces produits pour faire la distinction entre le lactose et le lait en lui-même.

Pour terminer sur de bonnes base, ce livre est egalement exempt de toute influence partenarial et les marques qui y figure sont celles que j'ai découverte après de nombreuses recherches et différents test culinaires ou de compléments alimentaires.
Je vous les recommandes en mon nom, car ce sont celles dont je me sers et que je prends et rachete personnellement. Ce sont egalement des marques que vous pouvez facilement trouvé.
Vous êtes évidemment libre, une fois dans les rayons de votre supermarché, de choisir une autre marque.

Je vous partages mes recettes "revisités" dans ma propre cuisine basé sur plusieurs années d'experimentation pour arriver à ne plus se sentir "marginalisé" par le simple fait de se nourrir autrement pour raison de santé ou morale et écologique.

Pour terminer, vous trouverez des conseils que j'inclus dans mes autres livres de recettes car il me semble juste que chaque personne qui se procure mon ouvrage n'est pas necessairement toute la collection en sa possesion. Il serait donc injuste, à mon sens, de supprimer des recommandations fondamentales d'un livre à l'autre.

En achetant ce livre de recettes, vous profitez donc de tous mes conseils et recommandations du quotidien que j'expose dans mes autres livres de recettes. La grande différence entres chacun d'eux : les recettes évidemment :D

Je vous souhaites une bonne lecture et de bons gâteaux pleins de gourmandises

Infos à connaître :
Le gluten :

Qu'est ce que c'est exactement ?

C'est une protéine que l'on retrouve dans certaines céréales comme l'avoine, le blé, l'épeautre, le seigle et le petit épeautre.

Quels effets sur la santé ?

Sans être intolérant nous pouvons nous retrouver sans le savoir dans des inconforts digestifs à cause de lui mais, par habitude, on peut ne pas y faire attention.. comme si c'était devenu habituel d'être gonflé (;
Il s'agit d'une sorte de colle qui lie les préparations et aide à donner une "aération" et un "liant" pour toutes sortes de préparations. Malheureusement, intolérant ou non, cette colle se dépose sur les parois de l'intestin grêle et bloque la bonne assimilation des nutriments que nous ingérons.
Ainsi, il entraîne de l'inflammation et rend l'intestin perméable et dérègle l'équilibre acido-basique du corps.

Mais attention à ne pas s'y méprendre, le gluten n'est pas si vieux que ça, en effet il a seulement 10 000 ans (non ce n'est pas énorme quand on sait que l'humanité existe depuis environ 3 millions d'années) ; notre organisme n'est donc pas si habitué que ça à le recevoir et à le " gérer ".

Infos à connaître :
Le gluten :

Si je ne suis pas intolérant(e) dois-je l'arrêter?

Aucunement !
Moi-même j'en consomme facilement 1 fois par semaine.
Dans un régime quel qu'il soit il est primordial de ne pas se priver, ne pas se frustrer.
Le secret réside dans l'équilibre

Je conseille de diminuer tout simplement, et en cas de maladies chroniques et inflammatoires telles que l'Endométriose, la maladie de Crohn, il est recommandé de diminuer le gluten.

Si l'on n'est pas complètement intolérant généralement comme dans la maladie cœliaque, là il est recommandé de diminuer plus drastiquement pour éviter tout désagrément d'ordre digestif et moral.

Il existe également des contre-indications lorsque l'on est atteint de "l'intestin irritable", souvent l'intestin est déjà assez perméable et une malabsorption reconnue ainsi qu'un facteur de stress important; le gluten n'est donc pas le meilleur des produits à consommer dans ces cas là.

Infos à connaître :
Le gluten :

Comment remplacer le gluten ?

On ne le remplace pas réellement car il sera difficile de reproduire avec exactitude le résultat que donne le gluten en pâtisserie.

Cependant on peut essayer de s'en approcher le + possible mais il faut accepter que le résultat soit différent mais pas moins gourmand (:

Dans la pâtisserie "sans gluten" il faut mélanger plusieurs farines pour obtenir un résultat intéressant, c'est une habitude à prendre et notre corps nous remerciera alors pourquoi pas (; .

Il faudra généralement une farine "neutre" :

- Sarrasin
- Châtaigne
- Mais
- Millet
- Riz blanc
- Quinoa

Et TRES IMPORTANT, ajoutez un "liant" :

- Gomme de guar
- Fécule de tapioca
- Fécule de mais
- Fécule de pommes de terre
- Farine de riz gluant (pas toujours)

Infos à connaître :
Le lactose:

Le lactose c'est le lait ?!

Pas vraiment.. c'est une partie seulement, le sucre du lait ! (:

On m'a toujours dit que c'était génial pour la santé !

Il contient des bienfaits connus de tous, mais en naturopathie on connait également ses méfaits et il est important, lorsque l'on consomme quelque chose : de savoir ce que l'on ingère.
Le lait contient une protéine : "la caséine" qui agit comme une colle (comme le gluten) ; celle ci agit donc comme celui-ci et résultat - inflammation et mauvaise assimilation et digestion. Que l'on soit intolérant ou pas.

Les perturbations peuvent survenir de différentes manières :
- perte de cheveux
- sommeil perturbé
- acné
- perturbation du système immunitaire et du cerveau
- déséquilibre du cycle menstruel
- encombrement des émonctoires (foie, poumons, intestins, peau)

Infos à connaître :
Le lactose:

Si j'ai une maladie inflammatoire dois-je l'arrêter ?!

Pas obligatoirement, comme le gluten, si l'on est pas intolérant c'est subjectif ; nous n'avons pas tous la même "sensibilité".

Ce qui reste vrai c'est que les produits laitiers restent "pro-inflammatoires" donc je conseillerai d'en diminuer sa consommation en adaptant ses recettes.

On évitera alors de réveiller l'inflammation, cela ne peut faire que du bien.

**Tout est une question d'équilibre dans la nutrition.
Gardez en tête :**

" Tout est bon et tout est mauvais dans l'alimentation"
Pourquoi ?

**Car il ne faut abuser de rien.
L'aliment le plus riche nutritionnellement parlant, en le consommant tous les jours vous rendra malade.**

Infos à connaître :
Le lactose :
Liste des produits contenants le moins de lactose :

(le lactose se cache dans les charcuteries : saucisson, jambon, rillettes pour leur conservation donc vérifier avant d'acheter (;)

- Lait facile à digérer
- Parmesan
- Yaourt nature fait maison
- Raclette
- Reblochon
- Cantal
- Comté
- Mimolette
- Gruyère
- Emmental
- Gouda

Astuce : pour encore moins de lactose, préférez les fromages "affinés" / "vieux" à pâte dure !
Ceux à "pâte molle" ou crémeux sont les + riches en lactose
Encore une fois cela dépendra de votre sensibilité, cela reste très subjectif et propre à chacun.

Infos à connaître :
Réduire l'inflammation :

Les oméga 3 :

- Foie de morue ; en gélule ça passe mieux (;
- Le saumon sauvage
- Sardine
- Hareng
- Noix
- Anchois
- Maquereau
- Jaune d'oeuf
- Cabillaud
- Crevettes

**Vous pouvez également en prendre sous formes de gélules.
Je vous recommande les marques :
Nutrimea ou Nutri & co**

Infos à connaître :
Réduire l'inflammation :

Les aliments anti - inflammatoires :

- Le Curcuma
- La Cannelle
- Avocat
- Lin
- Cassis
- Framboise
- Camomille
- Gingembre
- Basilic
- Fruits rouges
- Huile de colza
- Tomate (sans la peau car elle est irritante pour l'estomac)
- Spiruline (car elle contient un condensé important de vitamines / protéines essentielles qui vont contribuer au bon fonctionnement du corps et de sa protection aussi bien immunitaire qu'intestinal. Je vous conseille la marque "Nutrimea" en vente sur Amazon, c'est l'une des seules qui est bien absorbée et exemptée de métaux lourds.

Ingrédients indispensable à avoir dans vos placards :

(à moduler selon vos goûts)

- **Riz** (complet / blanc / gluant)
- **Pâte sans gluten** (barrilla - biocoop - sarrasin - lentilles corail etc)
- **Viande** (poulet / dinde / Steak haché / Jambon blanc / Jambon cru / Tranche de poulet sans sulfites)
- **Oeuf bio** - *(le 1er chiffre doit être "0" pour un oeuf de première qualitée)*
- **Levure malté** paillette à saupoudrer
- **Oléagineux Brut** : noix de pécan / noix / Noisette / amande / noix du brésil
- **Graine** : chia / Lin / Tournesol / Pavot
- **Sauce tomate** bio ou tomate pelés dans son jus (la peau est irritante pour l'estomac)
- **Olives**
- **Fromage pauvre en lactose** : emmental / parmesan / gouda / mimolette
- **Faux fromage** : feta / parmesan / creme / Cheddar / emmental rapé ou en tranche
- **Farines** : Riz / sarrasin / millet / riz gluant / mais / patate douce / Tapioca
- **Fécules** : pomme de terre / de tapioca ou de mais (maizena sans gluten)
- **Légumes** : de saison (amusez-vous)
- **Fruits** : de saison
- **Sucrant** : sirop d'agave / sucre de coco (faible index glycemique) / muscovado / sucre de canne bio
- **Sel** : "de guérande" / fleur de sel
- huile de coco
- **Lait végétal & Yaourt** : (coco / amande / noisette / chanvre)
- **Crème pour sauce cuisiné** : Elle & Vire sans lactose / coco bjorg / amande bjorg / noisette bjorg / cajou biocoop
- **Huile** d'olive (pressée à froid sinon peu d'intérêt nutritionnel) / Colza / Noix (riche en omega 3)
- **Purée d'oléagineux** : d'amande blanche / cajou / noisette / cacahuète
- **Oléagineux en poudre** : Amande / noisette / Noix
- **Granola** sans gluten ou fait maison
- **Cacao en poudre**
- **Quinoa**
- **Semoule de mais**
- **Curcuma en poudre** (anti inflammatoire puissant) pour assaisoner vos plat
- **herbes aromatiques** : romarin / ail / origan / persil / laurier / ciboulette / menthe

La plupart des ingrédients que je vous ai cités sont disponible dans de grandes enseignes certainement proche de chez vous.

Pour les farines de riz blanc / gluants je vous conseils de vous les procurez dans des épiceries et autres magasins asiatiques tel que "Tang frères" qui vous les proposent à moindre coûts qu'en grande surface et de trés bonne qualité.

Vous pourrez egalement vous y procurer : amidon de tapioca - riz - feuilles de riz - tteokbokki et autres.

Sites d'alimentation en livraison :

WWW.GREENWEEZ.FR
Large choix pour les personnes ayant une alimentation sans gluten / sans lactose / sans soja

WWW.OFFICIALVEGANSHOP.COM
Rare site qualitatif qui propose toute la gamme de faux - fromage la meilleure sur le marché !

Bonnes adresses <u>en Île de France</u> pour acheter des produits alimentaires ou consommer directement :

Un monde vegan
Epicerie sucré / salé et large gamme de faux fromage

Adresse :
64 rue Notre dame de Nazareth
75003 Paris

Biocoop :
Produits bio, locaux et de saison, issus du commerce équitable.
Petit + : ils vendent du cottage cheese / mascarpone mozzarella et beurre sans lactose

Adresse :
Je vous laisse regarder le plus proche de chez vous !

Sol Sémilla
Cuisine végétal bio & sans gluten
Recette originale et de saisons
Vente de super-aliments :
spiruline - chlorella - acai etc

Adresse :
23 Rue des Vinaigriers
75010 Paris

Naturalia :
Enseigne proposant des articles bio, généralement vegan et naturel

Adresse :
Il y en a un peu partout, je vous laisse regarder sur internet lequel est le plus proche de chez vous !

Wild and the moon :
Patisseries et plats sans gluten / sans OGM / sans plastiques / sans additif / sans lactose !

Adresse :
19 place du marché Saint - Honoré
75009 Paris

(Il y en a plusieurs sur Paris, à vous de choisir)

PH7 équilibre :
Plats sains et équilibrés
Fruits et légumes de saisons
Respect de l'équilibre acido - basique du corps !

Adresse :
21 Rue Le Peletier
75009 Paris

Dans vos magasins habituels :

Leclerc :

Ils commercialisent de la crème fraiche (de vache donc) sans lactose de la marque **Elle & Vire**
Vous avez bien lu ..
Vous pourrez donc faire et refaire vos meilleurs pâtes carbonara comme avant, vos quiches, vos soufflés et j'en passe !
Elle est pas belle la vie (;

Adresse :
Je vous laisse regarder le plus proche de chez vous !

Carrefour / Intermarché :

Ils commercialisent toute une gamme de la marque **Andros** special "végétal".
Vous pourrez y trouver des yaourts de toutes sortes (riz au lait / chocolat liegeois / fromage blanc / yaourts aux fruits et tout ça sans lactose).
Vous pourrez aussi trouver des aides culinaires de substituts de la marque **Bjorg** tel que : le lait de coco / riz / amande / noisette / chanvre / epeautre Mais aussi des sauces cuisine : riz / amande / soja / coco
Et pour finir ils ont également tous deux en rayon des pâtes feuilleté / pizza ainsi que des pâtes de la marque **Barilla** sans gluten

Adresse :
23 Rue des Vinaigriers
75010 Paris

Chez votre Boulanger :

Préférez la baguette "Tradition" qui est sans additif et avec des compositions meilleures que la baguette "blanche" (moins digestes).
N'hesitez pas non plus à leur demander si certaines de leur pâtisseries sont exempt de beurre ou de lait cela ne les dérange pas pour la plupart car ils ont l'habitude. Le veganisme ainsi que les modes alimenatires ont beaucoup evolué depuis quelques temps, les commercants sont dont au courant et souvent, propose même des pâtisseries sans gluten / sans lactose et même du pain sans gluten (souvent à bas de soja - si vous n'y êtes pas sensible comme moi, foncez !)

Bonne découverte !

Et comme je le dis toujours..

Je vous souhaite le meilleur pour la
suite.
Pensez à vous, bâtissez votre bonheur, écoutez votre corps et faites vous
plaisir !
La vie vaut le coup d'être vécue pleinement quelles que soient les étapes à **franchir**
Vous avez toutes les ressources nécessaires en vous pour vous
accomplir

Votre corps, votre temple, prenez-en soin il vous le rendra

PÂTISSERIE

- Cupcakes fruits rouges
- Moelleux au chocolat
- Beignets
- Clafoutis abricots
- Sablés cacahuètes
- Boules aux amandes
- Gâteaux au citron
- Cacao-uète
- Moelleux canelle-miel
- Flan coco
- Gâteau crêpes avoines miel
- Spéculoos
- Tarte framboise
- Le petit fourré

- Cookies réconfort
- Langue de chat
- Cake nature
- Le marbré
- Cake coconut
- Gateau matcha coco
- Pain de mie
- Muffins choco
- Biscuits matcha
- Sablés cacahuète chocolat
- Le browkies

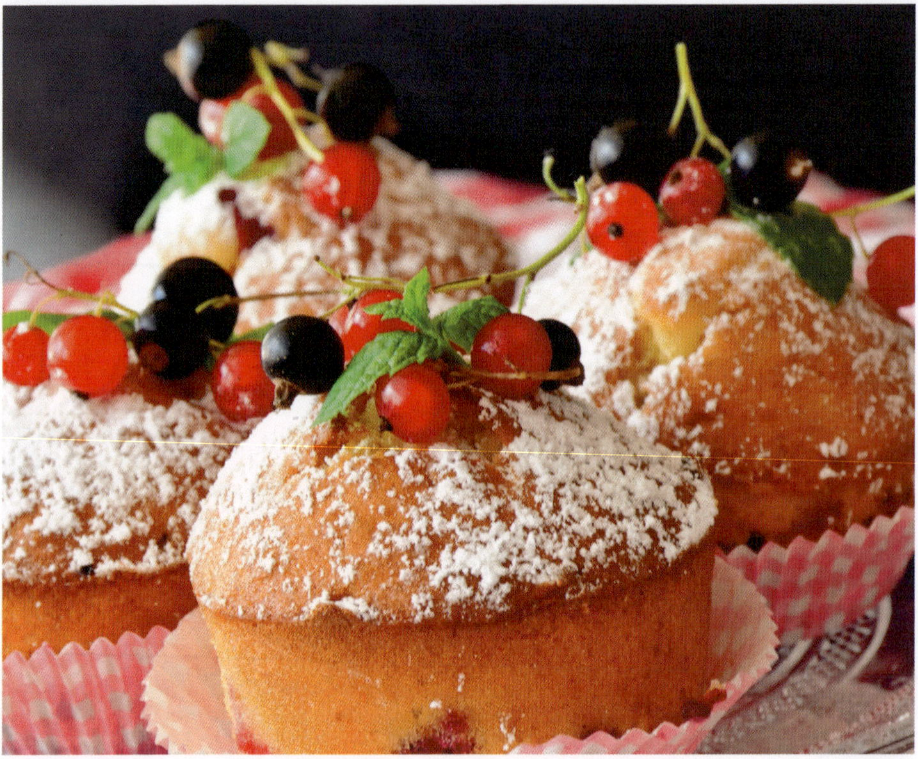

Cupcakes fruits rouges

4 personnes · 10 min · 30 min

Ingrédients

1. 90 gr de Farine de riz blanc
2. 10 gr de farine de riz gluant
3. 50 gr d'huile de coco
4. 30 gr de fruits rouges (congelés ou non)
5. 2 oeufs BIO
6. 90 gr de sucre de canne bio
7. 1 CAC d'extrait de vanille (liquide ou en poudre)
8. 1 CAS de sirop d'érable
9. 1 sachet de levure sans gluten (trouvable chez de grandes enseignes - Carrefour / Intermarché / Leclerc ou en Biocoop)
10. 1 Moule à 6 - 10 cupcakes ou plusieurs petits ramequins
11. Sucre glace (optionnel)

Préparation

Dans un grand bol vous allez mélanger vos oeufs avec le sucre pour les blanchir.

Ajoutez votre huile de coco préalablement fondue quelques secondes au micro-ondes ainsi que votre extrait de vanille et sirop d'érable puis mélangez.

Ajoutez l'entièreté de votre sachet de levure puis mélangez vigoureusement

Ajoutez vos farines à la préparation

Terminez en ajoutant les fruits rouges

Disposez dans chaque moule à cupcakes votre préparation

Enfournez pour 30 minutes à 180°C

Laissez vos cupcakes refroidir, vous pourrez ensuite les saupoudrer de sucre glace

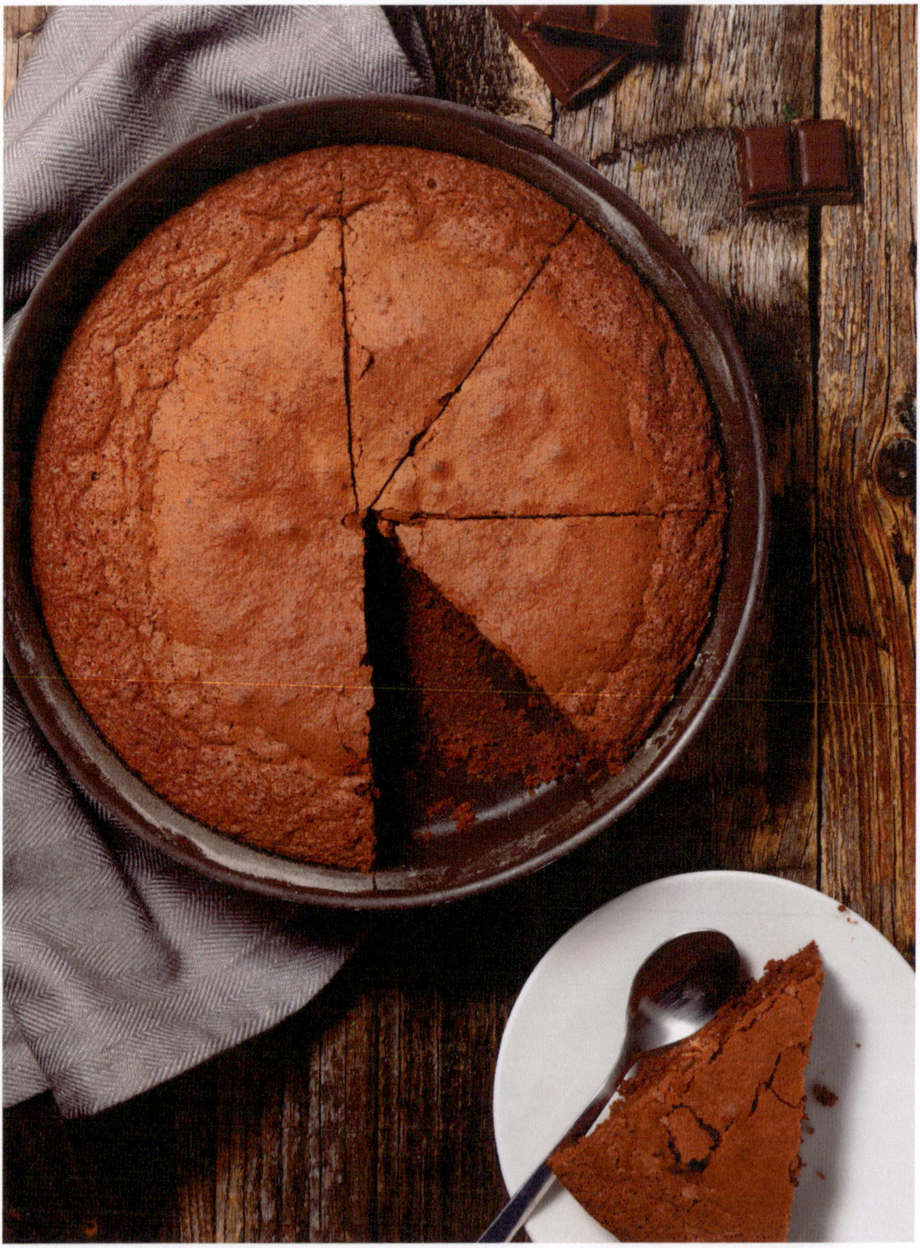

Moelleux au chocolat

🧁 6 personnes   🥄 15 min   ⏳ 35 min

Ingrédients

1. 200 gr de chocolat noir bio
2. 100 gr de farine de riz Blanc
3. 30 gr d'huile de coco
4. 1 sachet de levure sans gluten (trouvable chez de grandes enseignes - Carrefour / Intermarché / Leclerc ou en Bioccoop)
5. 4 oeufs BIO
6. 90 gr de sucre de canne bio

Préparation

Mélangez 3 oeufs avec le sucre et l'huile de coco préalablement fondue au four à micro-ondes quelques secondes

Dans un autre récipient-bol suffisamment grand, vous allez casser votre dernier oeuf et y verser seulement le blanc d'oeuf. Vous allez le monter en neige avec 10 gr de votre sucre. Laissez-le ensuite de côté.

Versez le jaune d'oeuf, quant à lui, dans votre préparation initiale.

Versez votre farine ainsi que votre levure dans votre préparation initiale (oeuf - coco - sucre) puis mélangez

Dans un bain marie, ou dans une casserole, coupez votre chocolat grossièrement et laissez-le fondre doucement à température basse jusqu'à ce qu'il devienne liquide.
Une fois votre chocolat liquéfié, versez-le dans votre préparation, mélangez

Disposez dans chaque moule à cupcakes votre préparation

Versez votre blanc en neige dans votre préparation puis mélangez doucement pour ne pas trop chasser l'air qu'ils contiennent.
Dans un moule à cake ou à gâteaux de votre choix préalablement fariné ou rempli d'un papier cuisson, versez votre préparation.

Enfournez pour 35 minutes à 210°C

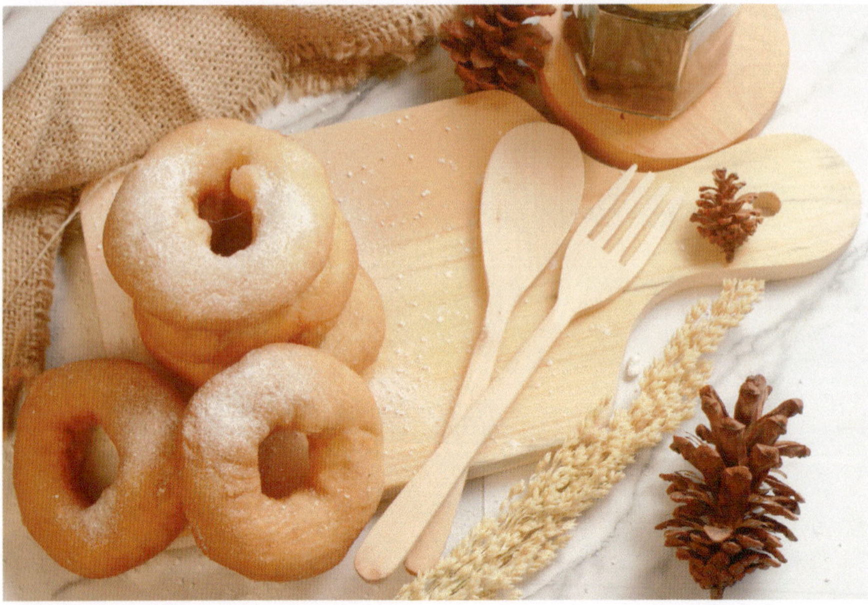

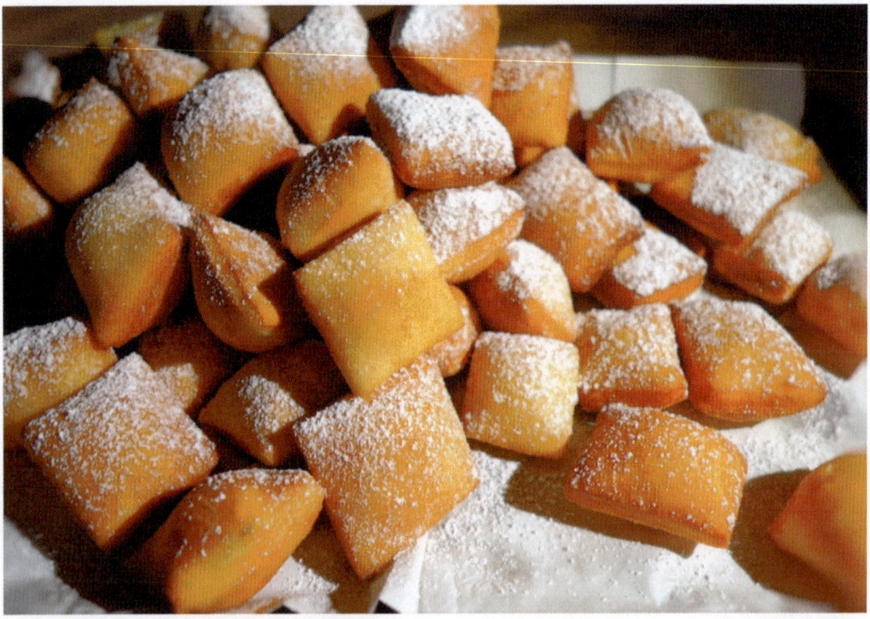

Beignets

🧁 3 personnes   🥄 20 min   ⏳ 15 min

Ingrédients

1. 100 gr de farine de riz gluant
2. 2 oeufs bio
3. 20 gr d'huile de coco
4. 1 sachet de levure sans gluten (Trouvable chez de grandes enseignes - Carrefour / intermarché / Leclerc ou en Bioccoop)
5. 50 ml de lait vegetal de votre choix
6. 30 gr de sucre de canne bio
7. huile de cuisson (seulement si vous faites votre cuisson à la casserole / poéle)

Préparation

Mélangez vos oeufs avec le sucre et la levure puis ajoutez votre lait ainsi que l'huile de coco préalablement fondue au micro-ondes quelques secondes

Ajoutez votre farine puis mélangez jusqu'à obtenir une pâte avec une consistance suffisante pour être travaillée et modelée à la main. Si ce n'est donc pas suffisant pour vous, n'hésitez pas à y ajouter de la farine petit à petit.

Modelez vos beignets de la forme qui vous donne envie. Vous pouvez, comme moi, les faire façon "donuts" ou bien en faire des boules (ce qui est un gain de temps, que je fais régulièrement).

Option 1 - Cuisson à l'huile dans une casserole ou poêle : Versez suffisamment d'huile de cuisson pour remplir presque la moitié de votre contenant puis laissez chauffer à feu doux jusqu'à ce que vous aperceviez quelques micro bulles remonter à la surface (sans bouillir - auquel cas ce serait bien trop chaud). Ajoutez alors, à l'aide d'une spatule, vos beignets de la forme souhaitée et modelée initialement dans votre huile pour 5 minutes.

Option 2 - Cuisson au four : Sur une plaque dotée d'un papier cuisson, disposez vos beignets, badigeonnez-les de jaune d'oeuf puis enfournez à 210°C pour 20 minutes

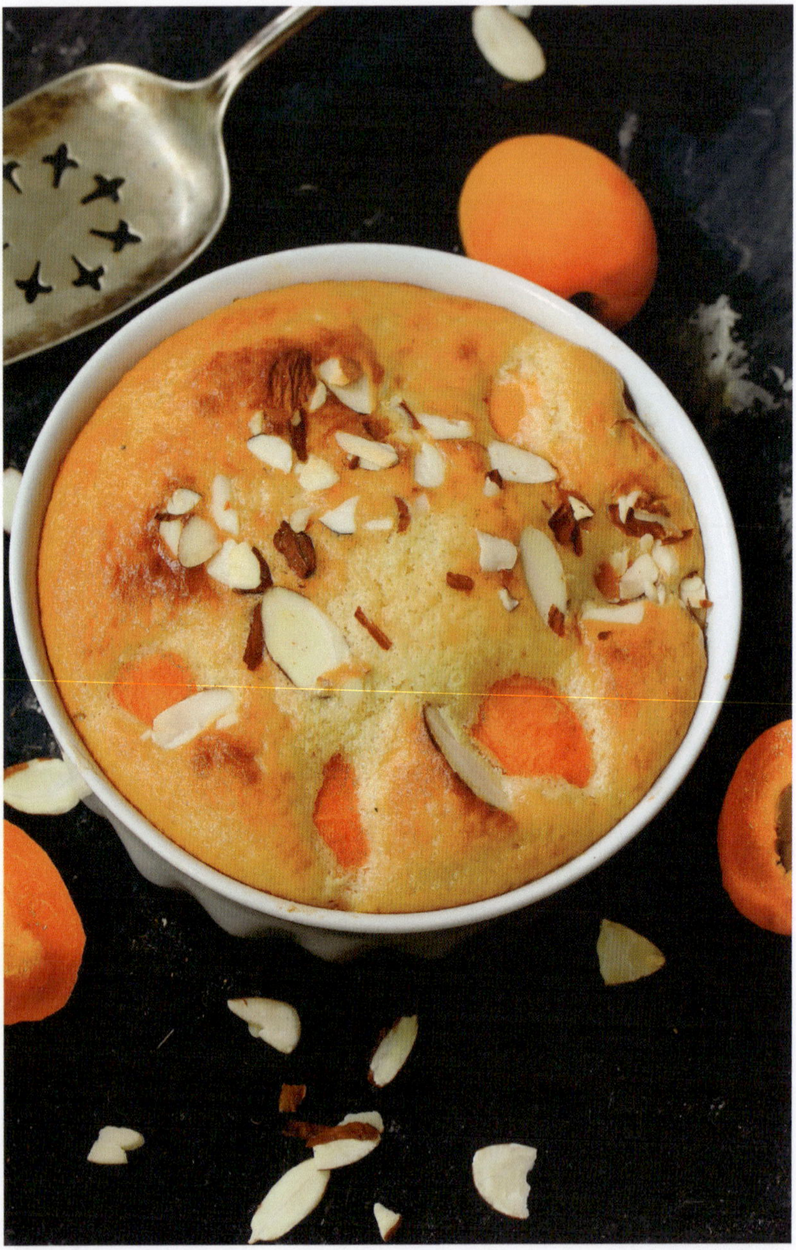

Clafoutis abricot

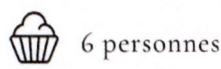

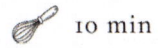

6 personnes — 10 min — 35 min

Ingrédients

1. 100 gr de farine de riz gluant
2. 4 oeufs bio
3. 20 gr d'huile de coco
4. 50 gr de farine de riz blanc
5. 300 ml de lait vegetal de votre choix
6. 100 gr de sucre de canne bio
7. 500 gr d'abricots coupés selon vos gouts (vous pouvez aisément utiliser n'importe quel autre fruit, de saison de préférence)
8. 1 moule à cake / gâteaux
9. Papier cuisson
10. Noix de pécan / Amande

Préparation

Mélangez vos oeufs avec le sucre puis ajoutez votre lait ainsi que l'huile de coco fondue

Ajoutez votre farine puis mélangez jusqu'à obtenir une pâte semi liquide et joliment dorée (un peu comme une pâte à crêpe)

Dans un plat à tarte allant au four, mettez un papier de cuisson dans le fond pour éviter que cela n'adhère lors de la cuisson.

Astuce : Passez votre morceau de papier cuisson sous l'eau du robinet quelques secondes, cela va le ramollir et il sera plus pratique pour vous de le faire tenir dans votre plat en attendant de verser votre préparation.

Vous avez alors deux options : (qui ne changent absolument rien au goût de la recette), soit vous disposez vos abricots directement dans votre plat à tarte sur le papier cuisson puis vous viendrez verser votre préparation par dessus ; soit vous ajoutez directement les morceaux de fruits dans votre préparation puis vous la versez dans votre plat. C'est à vous de choisir.

Enfournez pour 35 minutes à 210°C

En topping sur le dessus de votre gâteau, vous pouvez ajoutez des noix de pécan / amande / noix etc

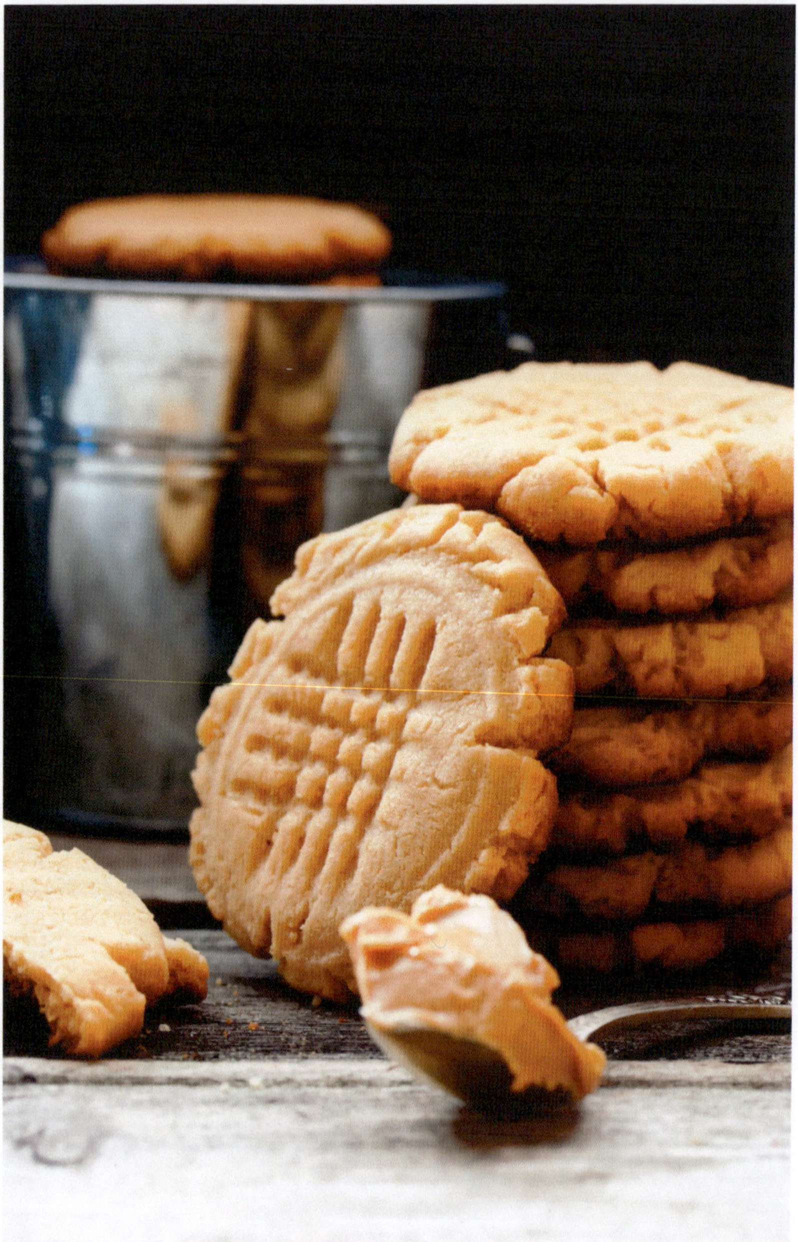

Sablé cacahuètes

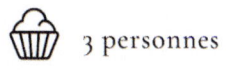

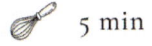

3 personnes   5 min   15 min

Ingrédients

1. 3 CAS de beurre de cacahuète 100% BIO
2. 2 CAS de sirop d'érable
3. 3 CAS de farine de riz blanc

Préparation

Mélangez vos ingrédients

Formez des boules de taille moyenne dans vos mains

Sur une plaque de cuisson recouverte de papier sulfurisé, placez vos boules assez espacées les unes des autres.

Une fois qu'elles sont toutes mises en place, à l'aide d'une fourchette vous allez délicatement appuyer celle-ci sur vos boules pour les aplatir.

Vous verrez apparaître les traits moulés de la fourchette sur vos gâteaux qui donneront un petit côté "sympa" à ceux-ci.

10 minutes au four à 180°C

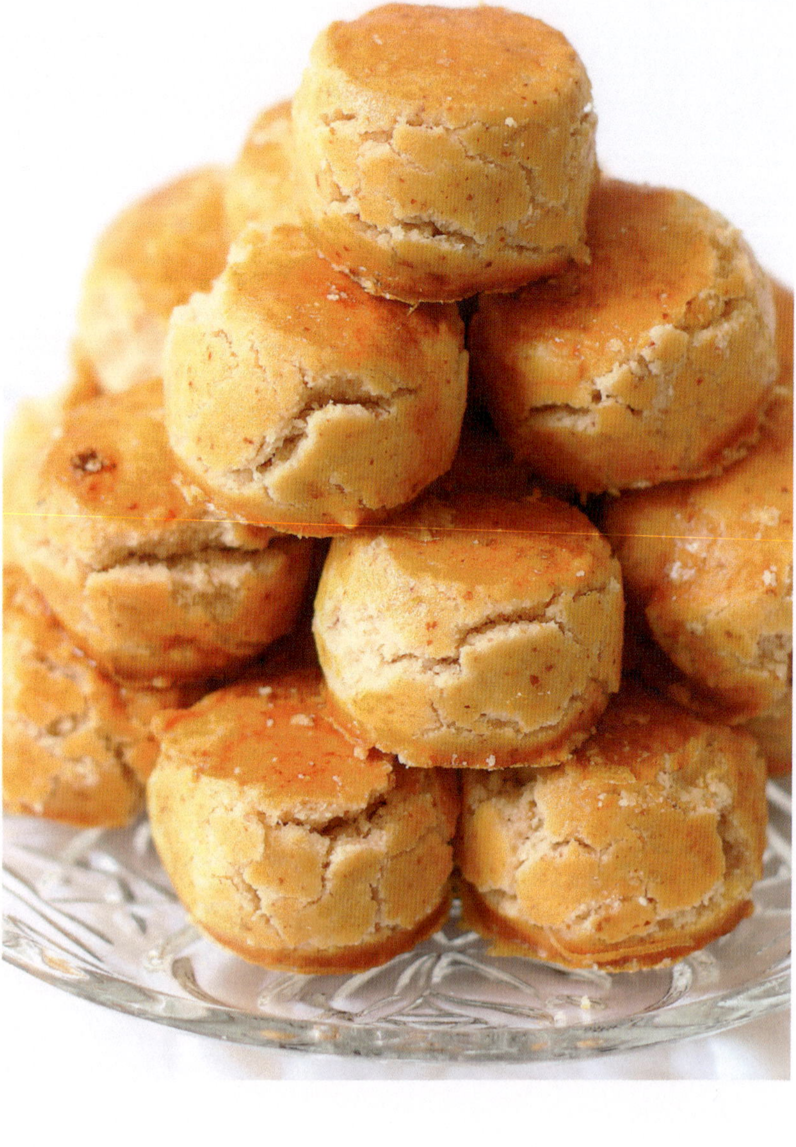

Boules aux amandes

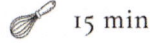

4 personnes　　15 min　　15 min

Ingrédients

1. 1 CAS de beurre d'amande
2. 100 gr de poudre d'amande
3. 3 Oeufs bio
4. 50 gr de sucre de canne bio
5. 1 sachet de levure sans gluten
   ou
6. 1 cac de bicarbonate alimentaire

Préparation

Fouettez vos oeufs avec le sucre pour les blanchir

Ajoutez le beurre d'amande (le blanc est moins irritant pour l'estomac car il ne contient pas la coque de l'amande) puis fouettez de nouveau

Ajoutez votre levure, fouettez

Terminez en ajoutant votre poudre d'amande puis travaillez la pâte à la main

Formez des boules dans vos mains

Sur une plaque de cuisson recouverte de papier sulfurisé, disposez vos boules assez espacées les unes des autres (5 cm c'est déjà très bien)

Badigeonnez à l'aide d'un jaune d'oeuf le dessus et les contours de vos boules

Enfournez pour 15 minutes à 210°C

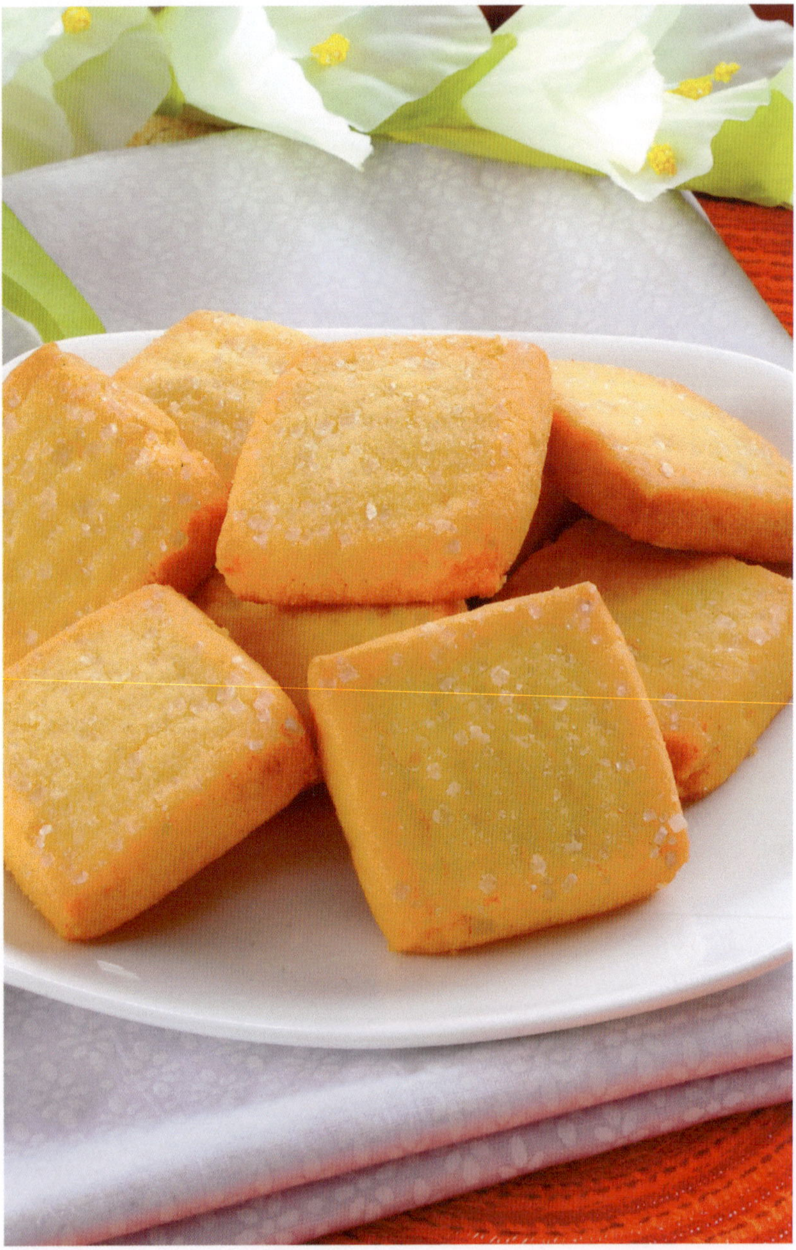

Gâteaux au citron

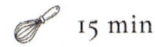

4 personnes   15 min   30 min

Ingrédients

1. 50 gr de farine de riz blanc
2. 50 gr de farine de riz gluant
3. 1 Oeuf bio
4. 50 gr de sucre de canne bio
5. 1 sachet de levure sans gluten
   ou
6. 1 CAC de bicarbonate alimentaire
7. 2 citrons
8. 2 pots de compote de pommes (bio - sans sucres ajoutés) 100 gr / pot
9. 1 pincée de sel

Préparation

Préchauffez le four à 180°C

Mélangez l'oeuf avec le sucre

Ajoutez votre levure ainsi que vos compotes de pommes puis mélangez

Pressez vos citrons un maximum puis ajoutez le jus à la préparation et mélangez

Terminez en ajoutant vos farines puis la pincée de sel

Travaillez la pâte à la main

Formez des petits carrés d'environ 5 cm sur 5 cm (ou d'autres formes)

Sur une plaque de cuisson recouverte de papier sulfurisé allant au four, disposez vos gâteaux

Enfournez pour 15 minutes

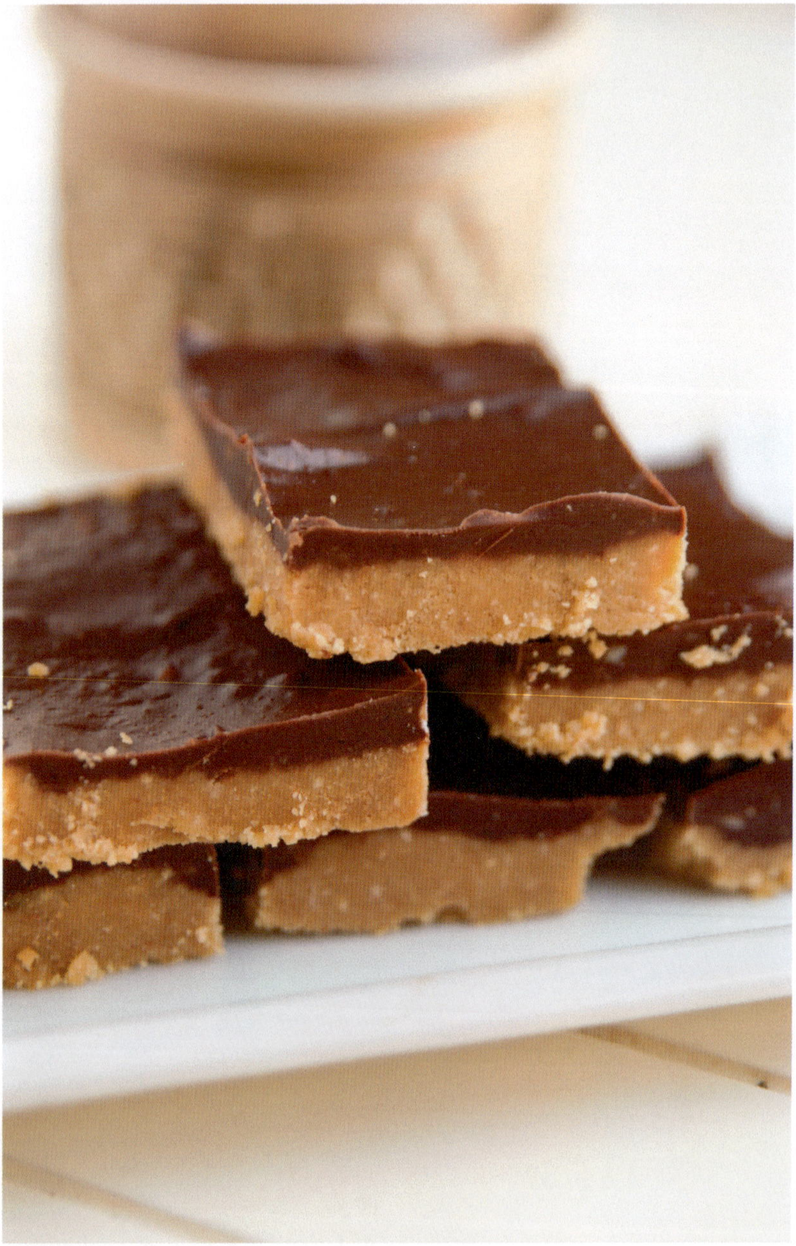

Cacao-uète

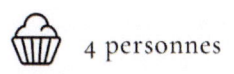

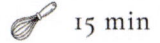

4 personnes — 15 min — 30 min

Ingrédients

1. 150 gr de poudre de noisette
2. 3 CAS de puree de noisette
3. 4 CAS de sirop d'érable
4. 20 gr de sucre de canne bio
5. 1 tablette de chocolat noir bio

Préparation

Préchauffez le four à 180°C

Dans un bain marie ou dans une petite casserole directement et sur feu doux, vous allez casser votre tablette de chocolat et la laisser fondre en veillant à bien remuer pour que cela n'accroche pas.

Dans un récipient vous allez mélanger vos autres ingrédients et travailler la pâte à la main jusqu'à l'obtention d'une boule homogène

Dans un plat allant au four de la dimension souhaitée, vous allez disposer votre pâte déjà prête dans le fond et bien l'aplatir

Lorsque le chocolat aura fondu, versez-le sur votre pâte se trouvant désormais au fond de votre plat.

Recouvrez la totalité de votre pâte

Mettez au frigo pour 2H minimum

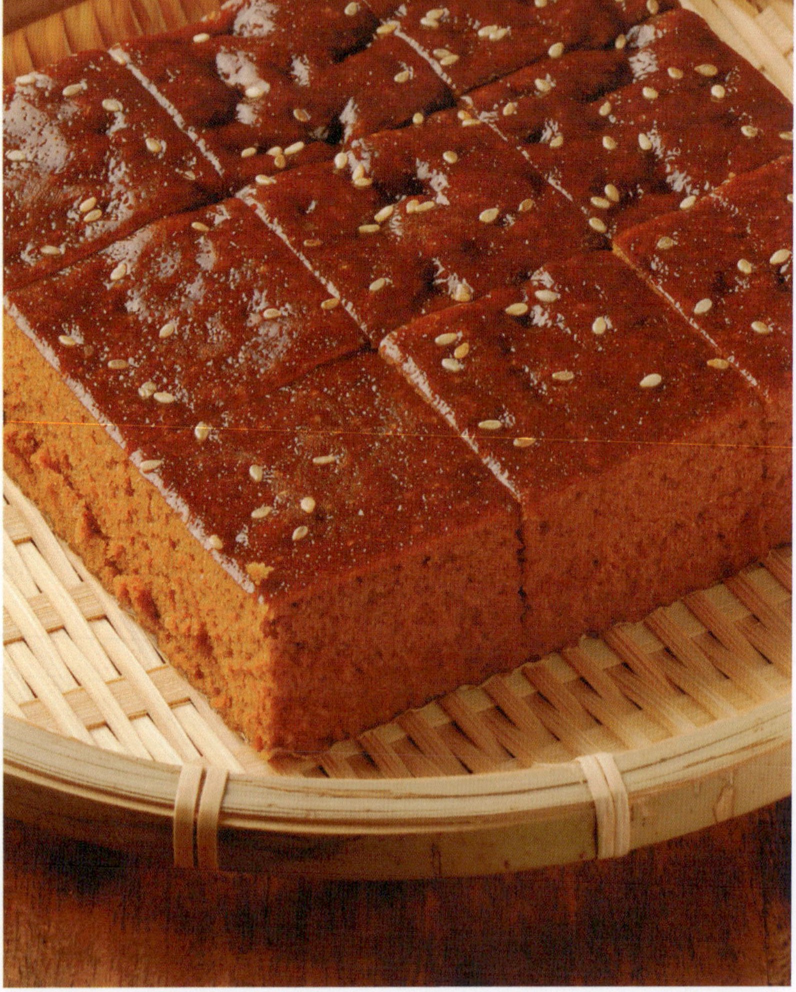

Moelleux cannelle-miel

6 personnes   15 min   45 min

Ingrédients

1. 4 CAS de miel de votre choix
2. 100 gr de sucre de canne bio
3. 3 CAC de cannelle
4. 100 gr de farine de riz gluant
5. 50 gr de farine de riz blanc
6. 300 ml de lait d'amande ou coco ou noisette
7. 3 oeufs bio
8. 1 sachet de levure sans gluten
9. ou 1 CAS de bicarbonate alimentaire
10. 1 CAC de vanille en poudre
11. 1 CAC de muscade en poudre

Préparation

Préchauffez le four à 210°C

Mélangez vos oeufs avec votre miel, sucre, cannelle, muscade, levure, vanille

Ajoutez votre lait végétal puis mélangez

Ajoutez vos farines puis mélangez de nouveau

Dans un moule à gâteau de votre choix recouvert d'un papier cuisson ou préalablement fariné ou huilé avec de l'huile de coco, versez votre mélange.

Enfournez pour 45 minutes à 210°C

N'hésitez pas à planter votre couteau au milieu de votre gâteau au bout de 30 minutes pour voir si tout va bien, car nous ne sommes pas tous égaux au niveau de nos fours. Certains chauffent plus fort que d'autres donc pour éviter tout "échec culinaire" surveillez votre cuisson.

Le couteau devra vous revenir sec avec seulement quelques miettes accrochées dues à la farine de riz gluant

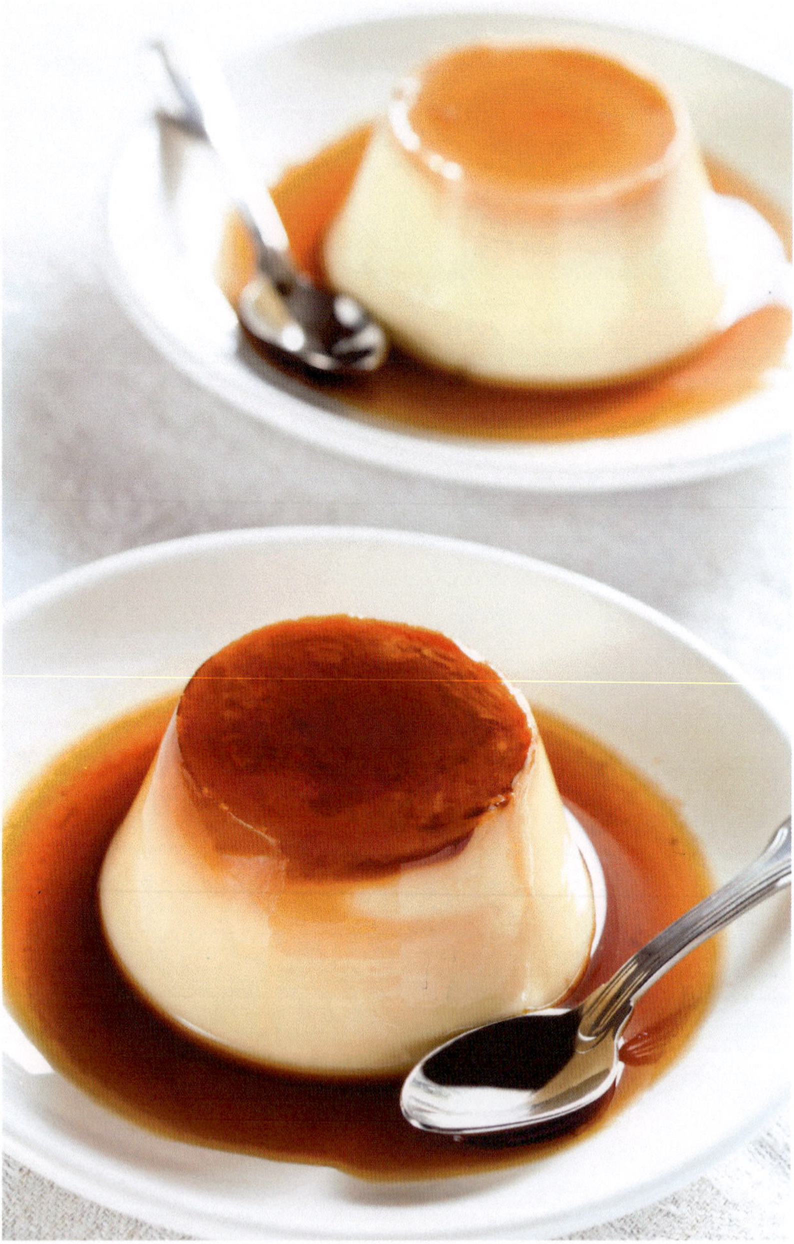

Flan coco

4 personnes — 5 min — 30 min

Ingrédients

1. 100 gr de poudre de coco
2. 1 CAC de vanille liquide
3. 1 CAS de vanille en poudre
4. 1 CAS de jus de citron vert
5. 1 sachet de 4g d'agar-agar
6. 750 ml de lait de coco en bouteille (bjorg - alpro..)
7. 50 gr de sucre de canne bio

Préparation

Pour votre caramel maison, vous allez simplement verser votre sucre en poudre dans une petite casserole et le laisser se liquéfier sur feu doux pendant environ 10 à 15 minutes maximum. Sortez-le ensuite et versez-le dans le fond de vos moules à yaourt. Le caramel doit juste tapisser quelques peu le fond et donc ne représenter que 5% de la totalité de votre yaourt.

Dans une autre casserole sur feu doux, mélangez votre lait de coco ainsi que votre vanille liquide et en poudre.

Laissez mijoter en remuant quelques peu pendant environ 5 minutes

Ajoutez ensuite votre citron ainsi que votre agar-agar

Versez ensuite, en dehors du feu, votre coco en poudre puis mélangez

Terminez en versant dans vos moules à yaourts, par dessus votre caramel, votre préparation finale

Laissez ensuite refroidir le tout à l'air libre avant de le placer au frigo pour environ 4 à 5h. Vous pouvez réaliser cette recette en fin d'après-midi ou le soir afin de laisser vos flans se raffermir et refroidir toute la nuit.

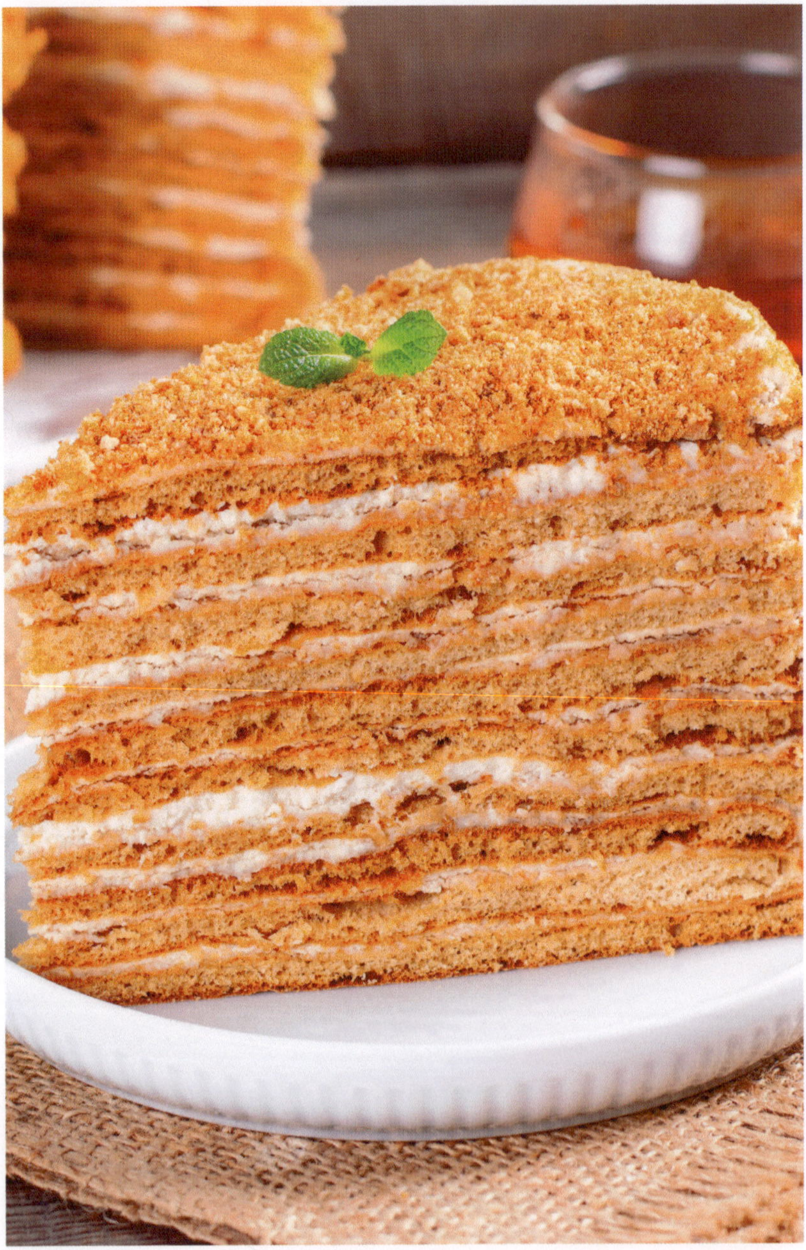

Gateaux crêpes avoine miel

8 personnes   20 min   1h

Ingrédients

1. 5 CAS de miel de votre choix
2. 50 gr de sucre de canne bio
3. 3 CAC de cannelle
4. 150 gr de farine d'avoine bio sans gluten
5. 350 ml de lait d'amande ou coco ou noisette
6. 4 oeufs bio
7. 1 sachet de levure sans gluten ou 1 CAS de bicarbonate alimentaire
8. 10 gateaux spéculoos sans gluten
9. 2 pot de crème de coco / amande ou noisette (exemple : Bjorg / Ayam)

Préparation

Munissez-vous d'une poéle à crépe ou poêle suffisament grande

Mélangez vos oeufs avec votre miel, sucre, cannelle, muscade, levure, vanille

Ajoutez votre lait végétal puis mélangez

Ajoutez votre farine puis mélangez de nouveau

Faites des crêpes un peu épaisses (1 cm environ) un peu comme des pancakes mais de la taille de crêpes.

Une fois vos crêpes réalisées, versez ensuite votre crème végétale dans un bol large puis montez-la avec 10 gr de sucre de canne bio au batteur electrique.

A l'aide de crème épaissie d'amande / noisette ou coco (selon vos propre goúts) badigeonnez chacune de vos crêpes l'une après l'autre de crème épaisse
Cela donne : 1 crêpe - crème / speculos - 1 crêpe - crème / spéculoos etc..

Saupoudrez le dessus de votre gâteau de crêpes de spéculoos concassés en poudre

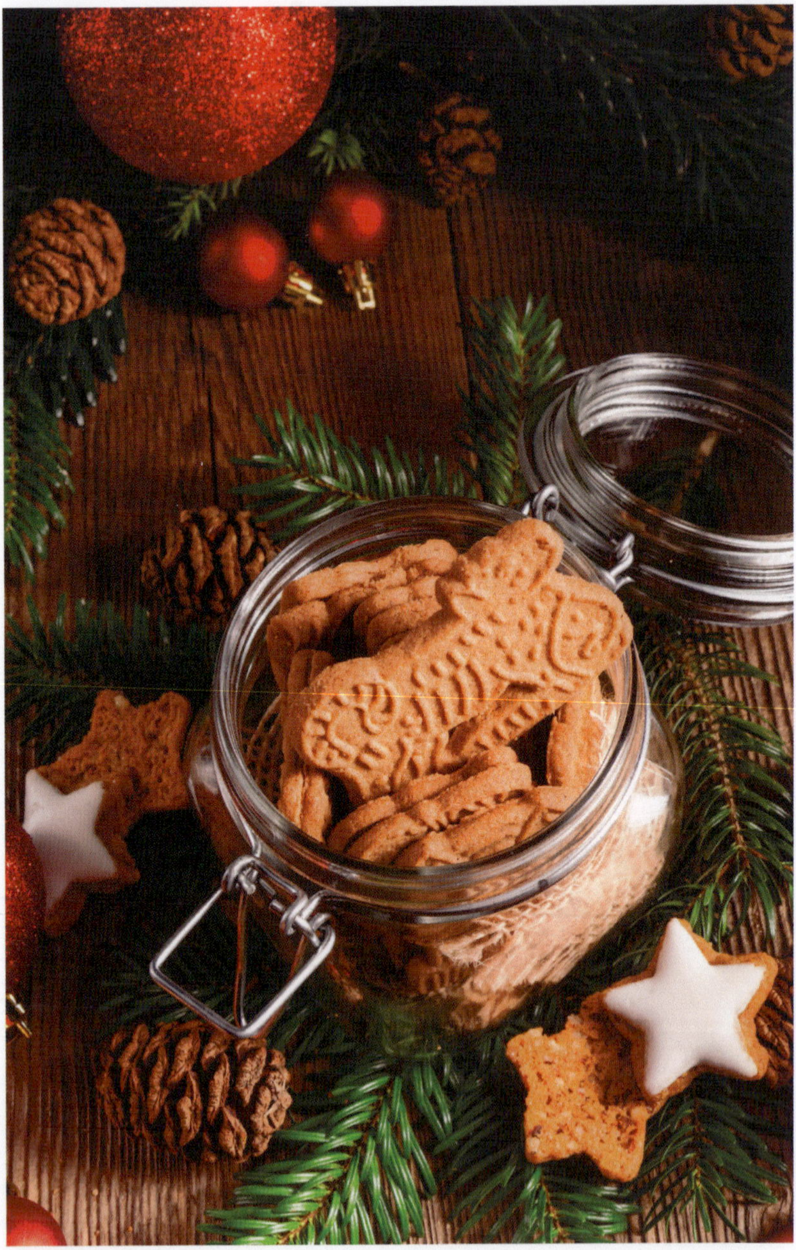

Spéculoos

6 personnes • 25 min • 37 min

Ingrédients

1. 150 gr de farine de riz
2. 60 gr de fecule de pomme de terre
3. 100 gr de cassonade bio
4. 3 CAC de cannelle
5. 70 gr d'huile de coco bio
6. 1 oeuf bio
7. 2 CAC de cannelle enn poudre
8. 1 CAS de levure sans gluten
   ou
9. 1 CAS de bicarbonate alimentaire
10. 1 pincée de muscade en poudre
11. 1 pincée de sel

Préparation

Mélangez vos ingredients secs ensembles puis ajoutez votre oeuf ainsi que l'huile de coco fondue.

Mélangez de nouveau et formez une pâte dans vos mains

Laissez-la au frais pour 20 minutes (vous pouvez en profiter pour ranger votre cuisine et préparer votre papier cuisson sur lequel vous allez bientôt etaler la pâte)

Préchauffez votre four à 180°C

Étalez votre pâte à l'aide d'un rouleau à patisserie sur votre papier cuisson. Laissez à la pâte une épaisseur d'environ 5 mm

Découpez dans votre pâte à l'aide d'un couteau ou d'un emporte pièce, la forme de vos biscuits puis déposez les sur votre plaque de cuisson recouverte de papier sulfurisé également.

Enfournez pour 12 minutes à 180°C

Laissez-les refroidir

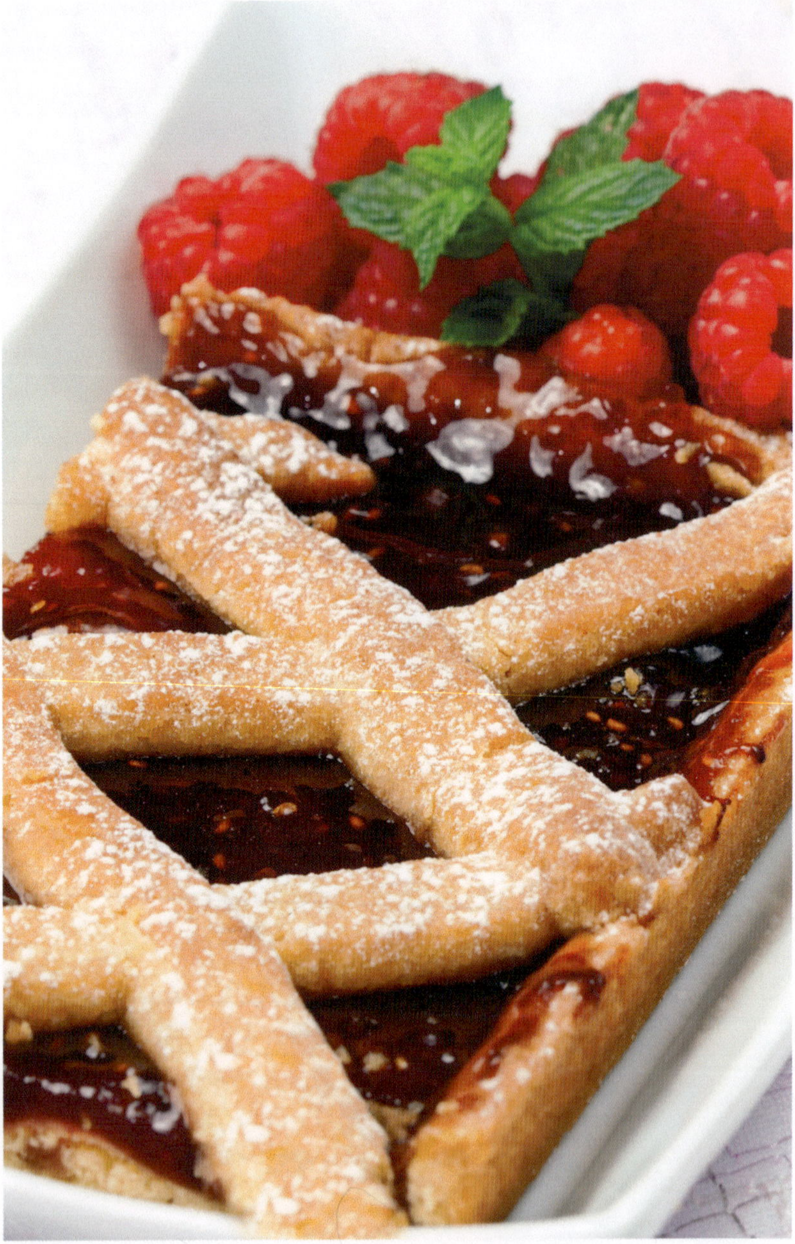

Tarte framboise

6 personnes   25 min   35 min

Ingrédients

1. 130 gr de farine de riz
2. 40 gr d'amande / noisette en poudre
3. 1 oeuf bio
4. 20 gr d'huile de coco bio
5. 200 gr de framboises surgelées ou non
6. 50 gr de sucre de canne bio
7. 2 CAS de sirop d'erbale
8. 3 CAS bombées de farine de riz gluant ou 1 sachet de 2g d'agar agar

Préparation

Préchauffez votre four à 180°C

Mélangez les oeufs avec votre huile de coco préalablement fondue au micro onde puis ajoutez votre farine ainsi que votre poudre d'amande

Travaillez et formez une pâte homogène que vous allez ensuite étaler à l'aide d'un rouleau à pâtisserie puis placer dans un plat à tarte. Faites quelques petits trous dans la pâte à l'aide d'une fourchette puis enfournez votre pâte à tarte au four pour 5 minutes à 180°C

N'hésitez pas à diviser votre pâte à tarte pour garder de quoi garnir le dessus de votre tarte plus tard (comme sur la photo)

Dans une casserole vous allez ajouter vos framboises ainsi que votre sirop d'érable, sucre de canne. Mélangez le tout sur feu doux pour ne pas que cela accroche et jusqu'à l'obtention d'une sorte de pâte de framboise.

Une fois ramollie et réduite, ajoutez soit votre farine de riz gluant soit votre sachet d'agar agar dans votre casserole puis remuez jusqu'à ce que le melange devienne homogène (environ 2-3 minutes) puis sortez votre casserole du feu.

Versez le contenu de votre casserole sur votre pâte à tarte préalablement passée au four quelques minutes puis ajoutez des ornements avec une partie de la pâte que vous aviez initialement mis de côté pour ornementer le dessus de votre tarte.

Enfournez pour 15 minutes à 180°C

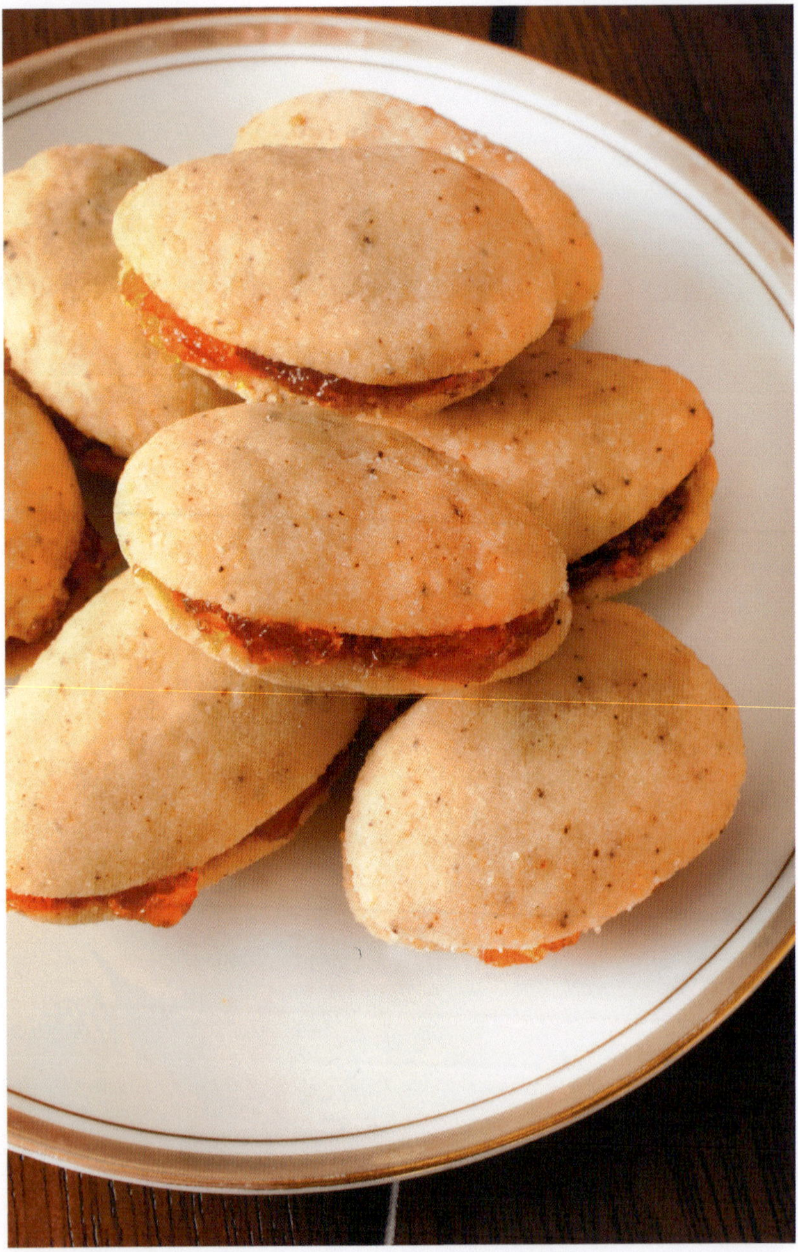

Le petit fourré

🧁 6 personnes 🥄 15 min ⏳ 25 min

Ingrédients

1. 100 gr gr de farine de riz
2. 3 Oeufs bio
3. 60 gr de sucre de coco
4. 80 gr de beurre de cacahuète bio
5. Confiture de votre choix

Préparation

Préchauffez votre four à 180°C

Mélangez le sucre de coco avec le beurre de cacahuète pour le rendre plus fluide

Ajoutez vos oeufs puis mélangez

Ajoutez votre farine puis melangez

Faites des biscuits dans vos mains de la forme et de la taille que vous souhaitez

Placez vos biscuits sur une plaque allant au four recouverte de papier cuisson puis enfournez pour environ 10 minutes à 180°C

Une fois la cuisson terminée, surtout très important de laisser refroidir au moins 1h car les biscuits sont trop ramollis par la cuisson. Ils durciront en se refroidissant.

Une fois refroidis, ajoutez un belle cuillérée de confiture sur l'interieur d'un biscuit puis prenez en un autre pour fermer le tout et former un petit gateau fourré comme sur la photo

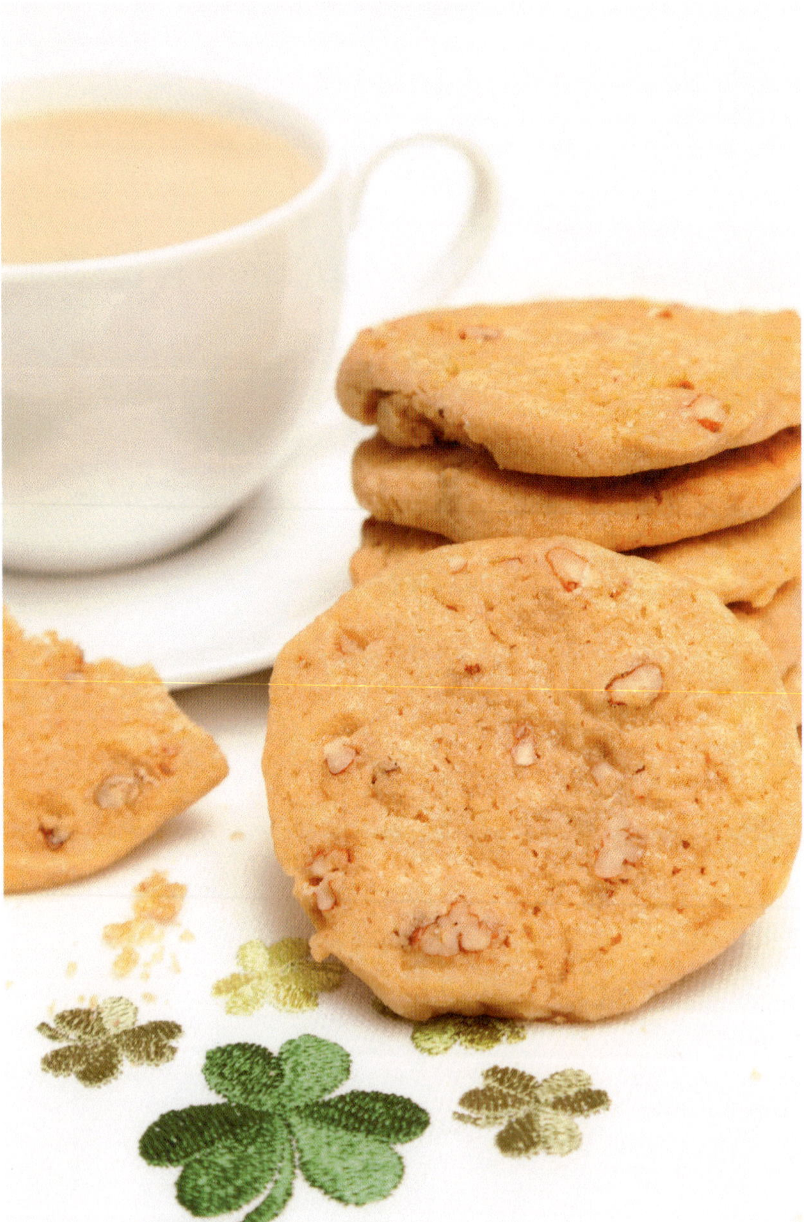

Cookies réconfort

6 personnes   10 min   20 min

Ingrédients

1. 100 gr gr de farine de riz
2. 40 gr de sucre de canne bio
3. 40 gr de purée de noix de cajou
4. 2 poignée de noix ou noisettes
5. 1 CAC de bicarbonate alimentaire
6. 1 Oeuf bio

Préparation

Préchauffez votre four à 180°C

Mélangez le sucre de canne avec la purée de noix de cajou pour la rendre plus fluide

Ajoutez votre oeuf ainsi que le bicarbonate alimentaire puis mélangez

Ajoutez votre farine puis mélangez le tout et petrissez à la main

Concassez à l'aide d'un couteau vos noix / noisettes ou noix de pécan puis ajoutez-les à votre pâte

Formez des boules dans vos mains que vous écraserez légérement puis placez-les sur une plaque allant au four recouverte de papier cuisson

Enfournez pour environ 10 minutes à 180°C

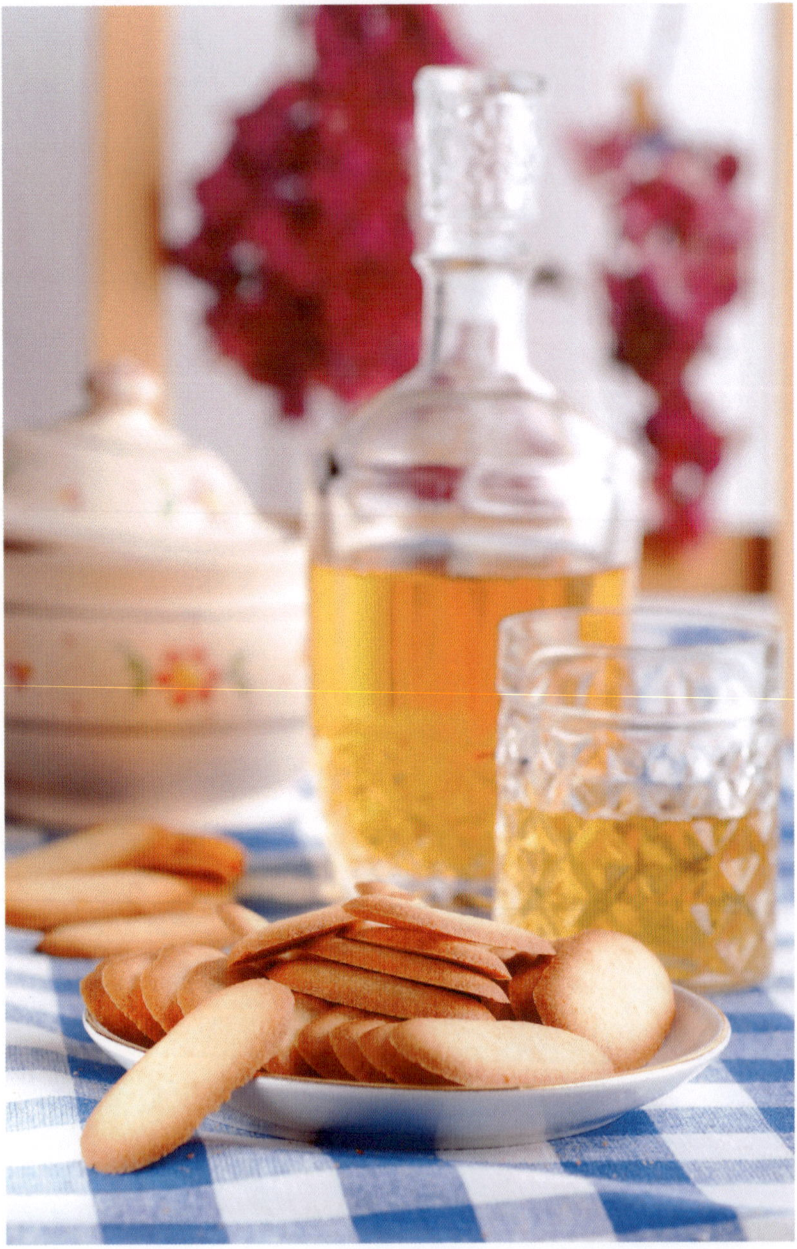

Langue de chat

🧁 4 personnes   🥄 15 min   ⏳ 25 min

Ingrédients

1. 80 gr de farine de riz
2. 50 gr de sucre de canne bio
3. 1 pincée de poudre de vanille
4. 3 blancs d'oeufs bio
5. 70 gr d'huile de coco
6. 1 CAS de sirop d'erable

Préparation

Préchauffez votre four à 180°C

Séparez vos blancs des jaunes d'oeufs puis battez vos blancs d'oeufs en neige jusqu'à ce qu'ils soient fermes.

Vous pourrez utiliser vos jaunes d'oeufs pour effectuer la recette suivante pour ne pas gâcher !

Mélangez votre huile de coco fondu avec votre sucre, vanille, sirop d'erable

Ajoutez votre farine puis mélangez le tout

Ajoutez enfin vos oeufs battus en neige

Versez le contenu de votre mélange dans une poche à douille puis, sur une plaque allant au four recouverte de papier cuisson, formez des biscuits rectangulaires pas trop épais les uns à côté des autres (2-3cm d'écart)

Pour la poche à douille vous pouvez utiliser un sac plastique de congélation par exemple, cela fera trés bien l'affaire. Veillez bien à amener tout le contenu du sac vers le fond de celui-ci puis couper un tout petit bout de l'un des côtés.

Enfournez pour environ 10 minutes à 180°C. Je vous conseille de bien vérifier la cuisson car cela varie selon certains fours. Vos biscuits sont prêts lorsque les côtés sont dorés et le dessus clair.

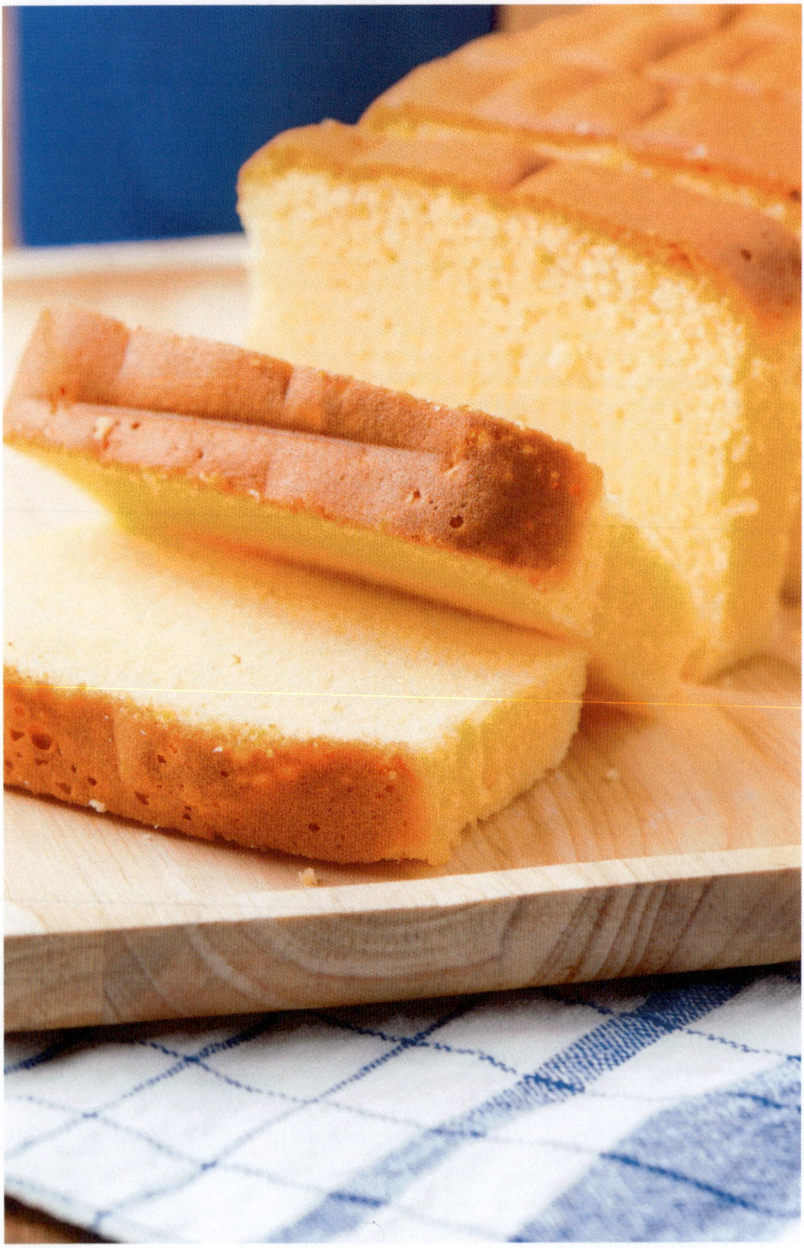

Cake nature

6 personnes — **15 min** — **40 min**

Ingrédients

1. 3 jaunes d'oeufs bio
2. 80 gr de sucre de canne bio
3. 1 pincée de poudre de vanille
4. 250 ml de lait de coco liquide
5. 50 gr d'huile de coco
6. 60 gr de farine de riz
7. 40 gr de farine de riz gluant
8. 1 sachet de levure sans gluten

Préparation

Préchauffez votre four à 180°C

Mélangez vos jaunes d'oeufs avec votre sucre ainsi que la levure, vanille et huile de coco fondue

Ajoutez votre lait de coco, mélangez

Vous pourrez utiliser vos blancs d'oeufs pour effectuer la recette précédente pour ne pas gâcher !

Versez le contenu de votre mélange dans un moule à cake (ou à muffin pourquoi pas)

Enfournez pour 35 à 40 minutes à 180°C. Je vous conseille de bien vérifier la cuisson car cela dépend des certains fours. N'hésitez pas à planter un couteau au milieu de votre gâteau pour vérifier s'il est bien cuit. Le couteau doit vous revenir avec quelques miettes pas plus. S'il y a du liquide alors la cuisson doit continuer.

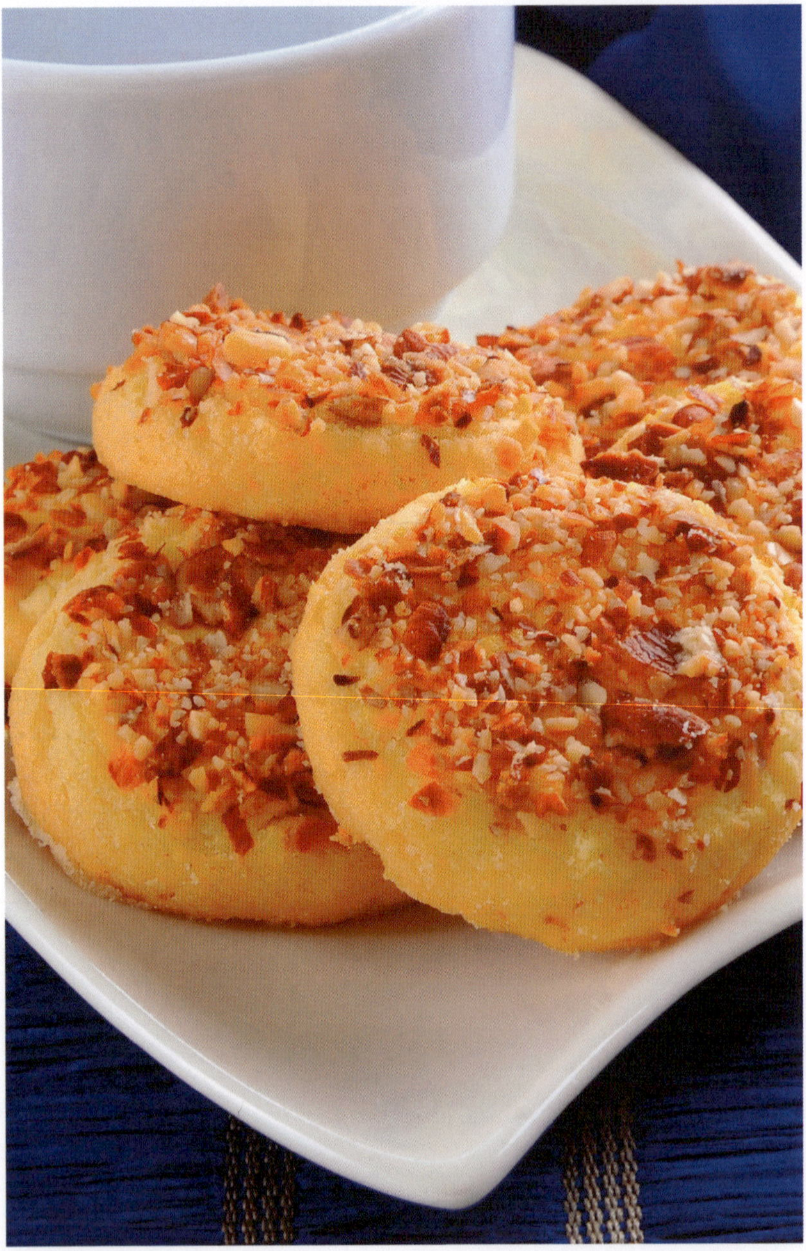

Biscuits tendresse

4 personnes   15 min   25 min

Ingrédients

1. 2 oeufs bio
2. 80 gr de cassonade
3. 50 gr de purée d'amande ou de noisette
4. 50 gr de farine de riz
5. 50 gr de farine de riz gluant
6. 100 gr de purée d'amande ou de noisette
7. Noix de pécan / amandes / noisettes concassées en miettes
8. 2 CAS de Sirop d'erable

Préparation

Préchauffez votre four à 200°C

Mélangez votre purée d'amande ou de noisette avec la cassonade puis ajoutez vos oeufs et mélangez de nouveau avec également l'huile de coco fondue

Ajoutez vos farines ainsi que la poudre d'amande ou de noisette puis mélangez

Formez dans vos mains des biscuits de la forme que vous souhaitez puis placez-les sur une plaque allant au four recouverte de papier sulfurisé

Ajoutez un peu de sirop d'érable sur le dessus de vos biscuits puis terminez en ajoutant vos miettes concassées d'oleagineux

Enfournez pour 10 minutes à 200°C

Laissez refroidir 1h

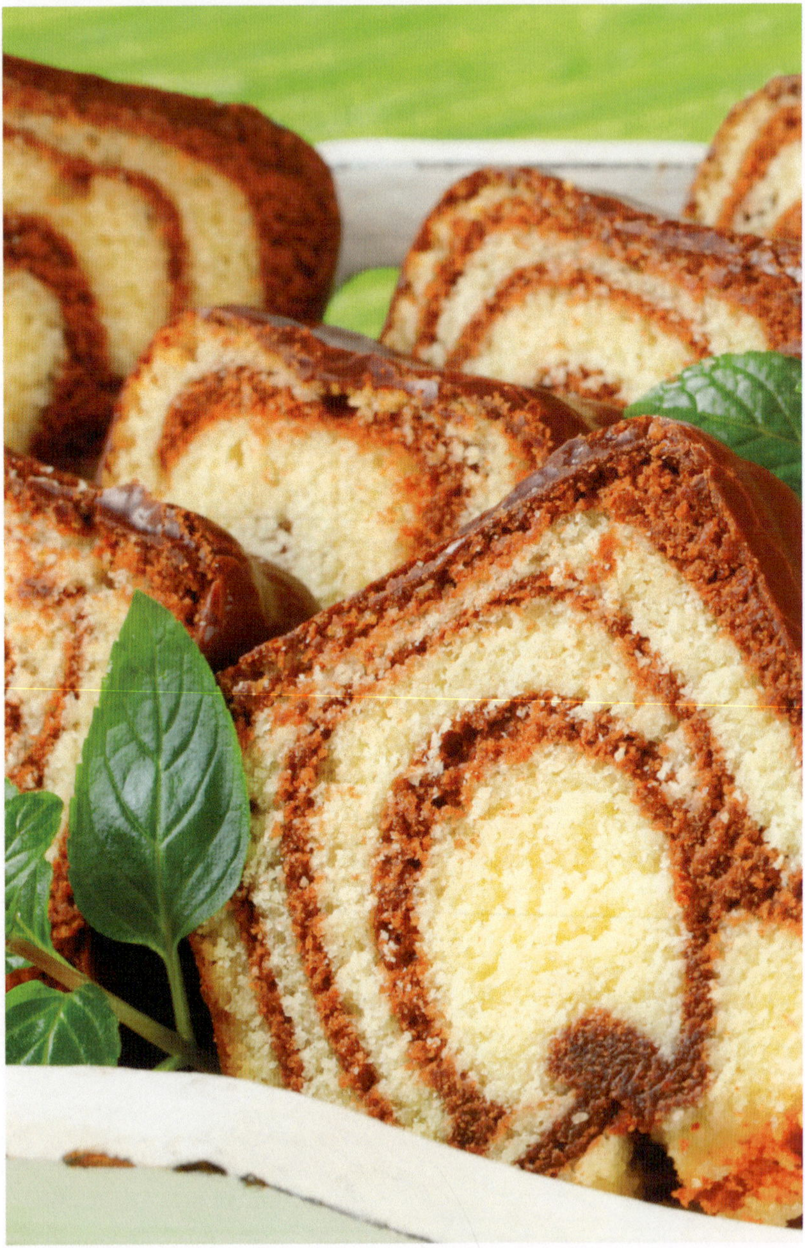

Le marbré

🧁 6 personnes   🥄 20 min   ⏳ 60 min

Ingrédients

1. 3 oeufs bio
2. 100 gr de sucre de canne bio
3. 200 ml de lait de coco
4. 150 gr de farine de riz
5. 100 gr de farine de riz gluant
6. 1 sachet de levure sans gluten
7. 1 tablette de chocolat noir (100gr)
8. 50 gr d'huile de coco
9. 1 CAC de poudre de vanille ou arôme vanille

Préparation

Préchauffez votre four à 210°C

Mélangez vos oeufs avec le sucre, la vanille, la levure et l'huile de coco

Ajoutez le lait de coco puis mélangez

Ajoutez vos farines

Dans une casserole cassez votre tablette de chocolat puis faites la fondre doucement à feux très doux en remuant. Astuce : vous pouvez ajoutez 1 cac d'huile de coco pour que cela n'accroche pas

En attendant, versez votre mélange initial dans un moule à cake allant au four

Lorsque votre chocolat sera prêt, versez-le dans votre moule avec votre mélange déjà présent à l'intérieur puis à l'aide d'un couteau vous allez mélanger en faisant des mouvements de va et vient qui créera des formes lignées de chocolat dans votre gâteau. Vous devez voir clairement le chocolat dans votre gâteau. C'est une étape importante pour que le chocolat n'aille pas se loger seulement sur le fond du gâteau.

Enfournez pour 40 minutes à 200°C

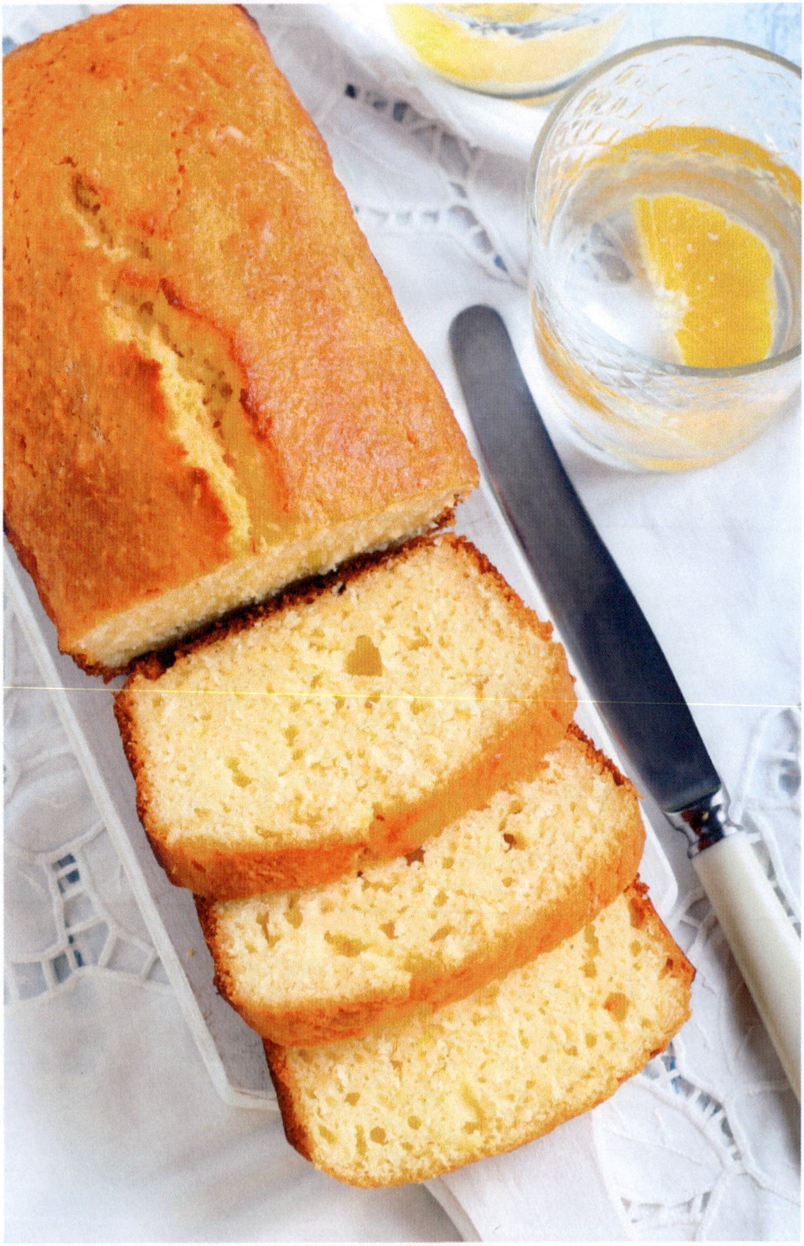

Cake coconut

🧁 6 personnes   🥄 20 min   ⏳ 60 min

Ingrédients

1. 3 oeufs bio
2. 1 yaourt coco (ici andros vegetal) - 1 pot de 100 gr
3. 3 pots de farine de riz
4. 1 pincée de sel
5. 1 pot de coco en poudre ou farine de coco
6. 1 pot d'huile de coco
7. 1 pot de sucre de fleur de coco
8. 1 sachet de levure sans gluten
9. 1 CAS de sirop d'agave ou sirop de coco

Préparation

Préchauffez votre four à 180°C

Mélangez vos oeufs avec le sucre, sel, la levure et l'huile de coco

Ajoutez votre farine ainsi que la poudre de coco puis mélangez de nouveau

Versez votre mélange dans un plat à cake allant au four prealablement huilé, fariné, ou contenant un papier cuisson.
Saupoudrez quelques flocons de coco par dessus

Enfournez pour 30 minutes à 180°C

Sortez le gateau puis venez le badigeonner de sirop d'agave ou de coco sur le dessus pour le côté doré et brillant

Enfournez de nouveau pour 5 minutes

N'hésitez pas à ajouter de nouveau de la poudre de coco une fois par dessus pour l'esthétique de votre cake.

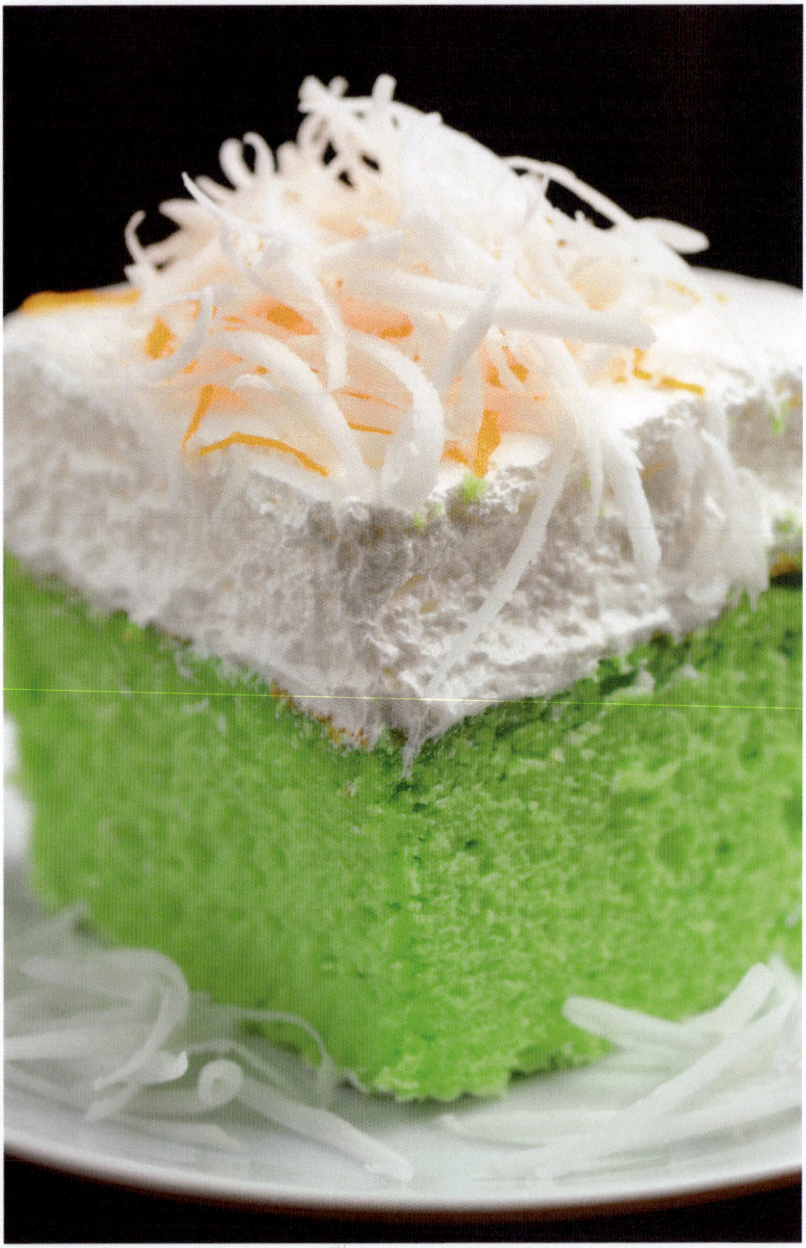

Gateaux matcha coco

🧁 6 personnes   🥄 40 min   ⏳ 2 h

Ingrédients

1	200 gr de farine de riz		**Meringue de coco :**
2	1 yaourt coco (ici andros vegetal) - 1 pot de 100 gr	7	50 gr de sucre de canne bio
3	30 gr de farine de riz gluant	8	50 gr de coco râpée
4	100 gr de sucre de canne bio	9	200 ml de crème de coco
5	1 CAS de thé vert matcha	10	3 blancs d'oeufs bio
6	1 oeuf + 3 jaunes d'oeufs		
7	1 sachet de levure sans gluten		

Préparation

Préchauffez votre four à 180°C

Pour la meringue de coco :

Dans un récipient rond vous allez battre vos blancs en neige avec vos 50 gr de sucre de canne bio jusqu'à ce qu'ils deviennent fermes. Vous ajouterez ensuite votre mélange : crème de coco et coco râpée aux blancs puis mélangerez delicatement jusqu'à obtenir une texture homogène. Réservez au frigo pendant 2h.

Pour votre gateau :

Mélangez votre oeuf entier ainsi que les 3 jaunes d'oeufs mis de côté avec vos 100 gr de sucre de canne et la levure

Ajoutez votre yaourt coco nature, mélangez

Ajoutez vos farines

Terminez en ajoutant votre poudre de matcha

Dans un moule à gâteaux ou à cake versez votre melange puis enfournez pour 35 minutes à 180°C

Une fois cuit, laissez-le refroidir environ 1h

Il ne reste plus qu'à badigeonner votre gâteau de votre meringue en couche épaisse puis à le remettre au four (préférablement avec seulement la chaleur du dessus) pendant 15 minutes à 150°C

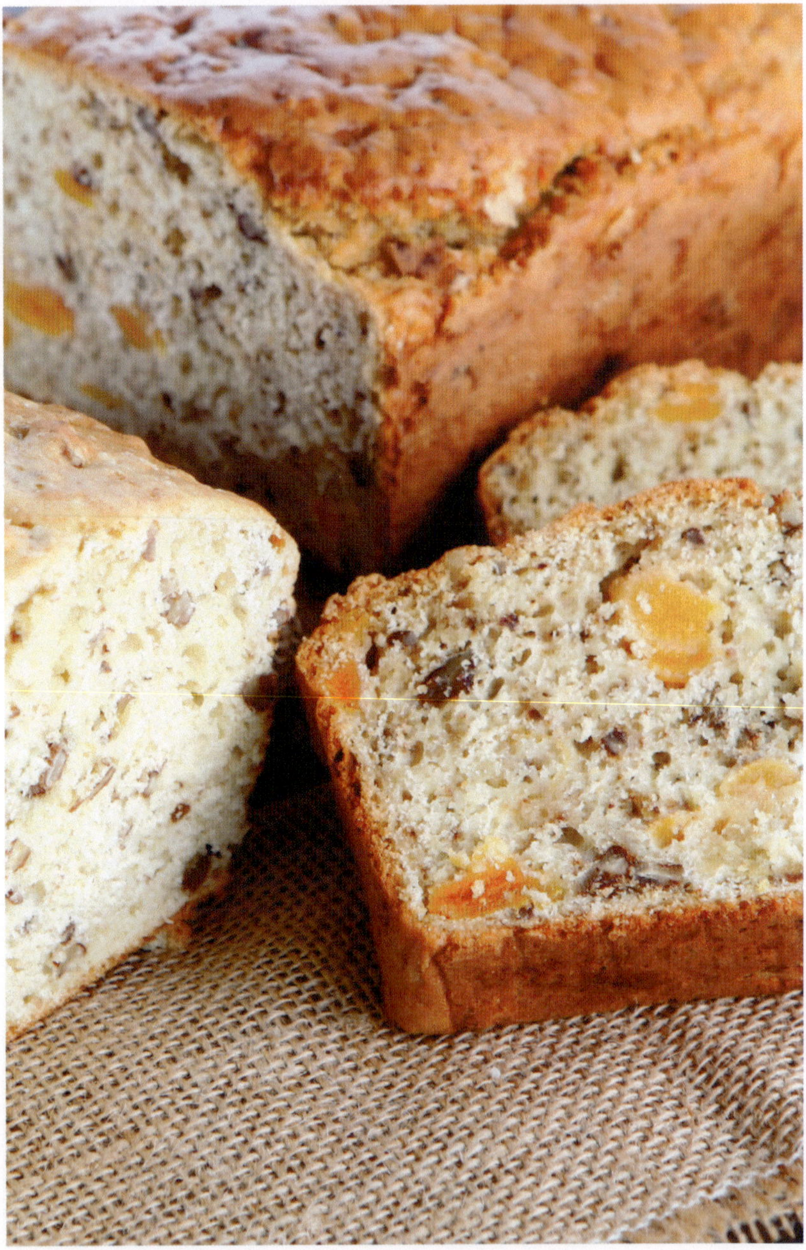

Pain de mie

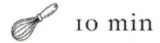

6 personnes   10 min   1 h 10

Ingrédients

1. 100 gr de farine de riz
2. 100 gr de farine de riz gluant
3. 50 gr de farine d'avoine
4. 30 gr de sucre de canne bio
5. 200 ml de lait de coco liquide
6. 1 oeuf
7. 1 sachet de levure boulangère sans gluten

Préparation

Mélangez votre oeuf avec le sucre

Ajoutez la levure boulangère dans 20 ml d'eau tiède puis ajoutez-la à votre mélange

Ajoutez ensuite votre lait, puis vos farines

Laissez reposer la pâte pendant environ 40 minutes

10 minutes avant la fin du temps de levée, préchauffez votre four à 210°C

Versez la pâte dans un moule à cake

Enfournez pour 30 minutes à 210°C

Vous pouvez ajouter des céréales ou oleagineux à votre melange initial si vous aimez cela

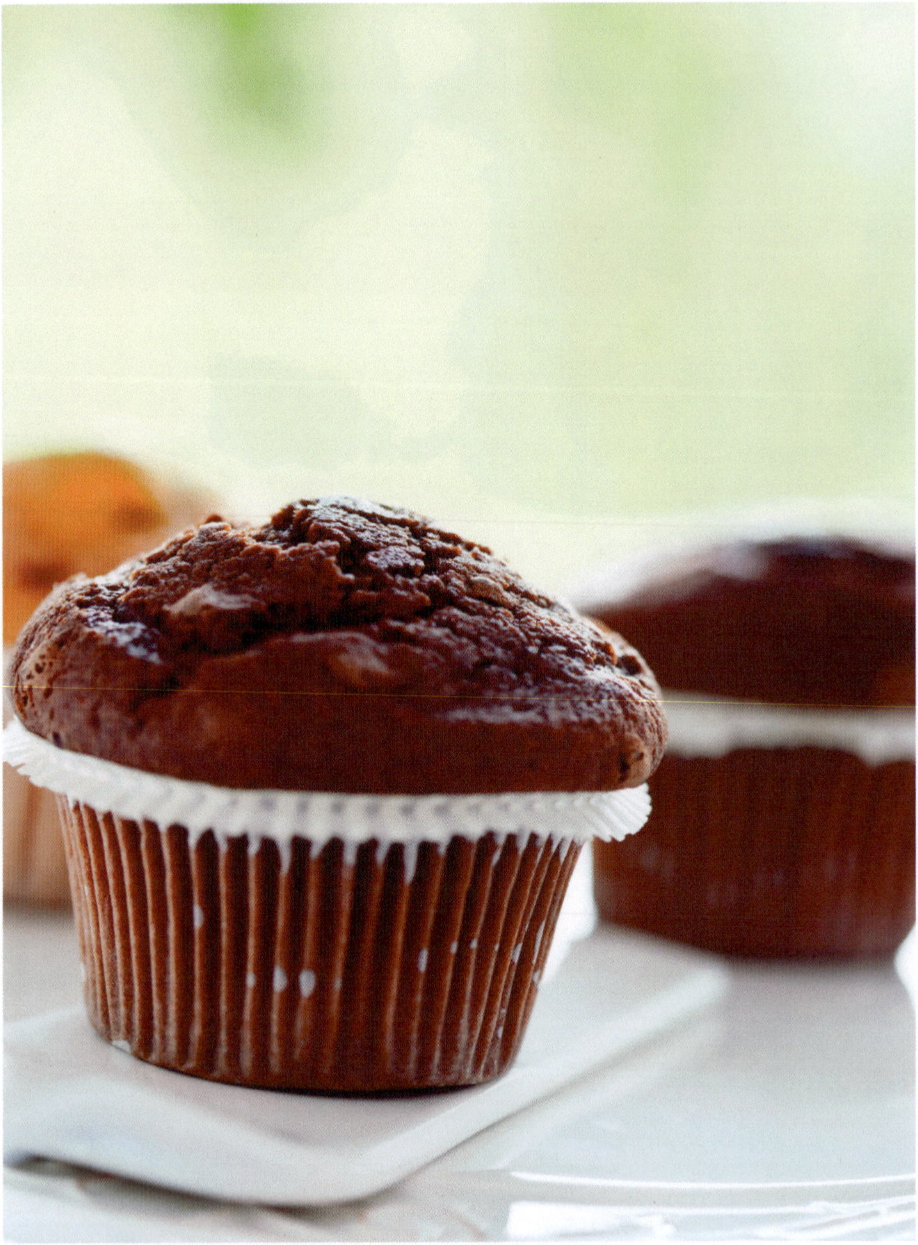

Muffins Choco

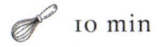

6 personnes   10 min   40 min

Ingrédients

1. 100 gr de farine de riz
2. 50 gr de poudre d'amande ou noisette
3. 2 CAS de cacao en poudre 100%
4. 80 gr de sucre de canne bio
5. 200 ml de lait d'amande ou noisette
6. 2 oeufs
7. 1 sachet de levure boulangère sans gluten ou bicarbonate alimentaire
8. 80 gr de pépites de chocolat noir 70%

Préparation

Préchauffez votre four à 180°C

Mélangez vos œufs avec le sucre et le cacao puis ajoutez le lait

Ajoutez ensuite la farine ainsi que la poudre d'amande et la levure

Terminez en incorporant vos pépites de chocolat noir

Versez la pâte dans des moules à cake

Enfournez pour 20 minutes à 180°C

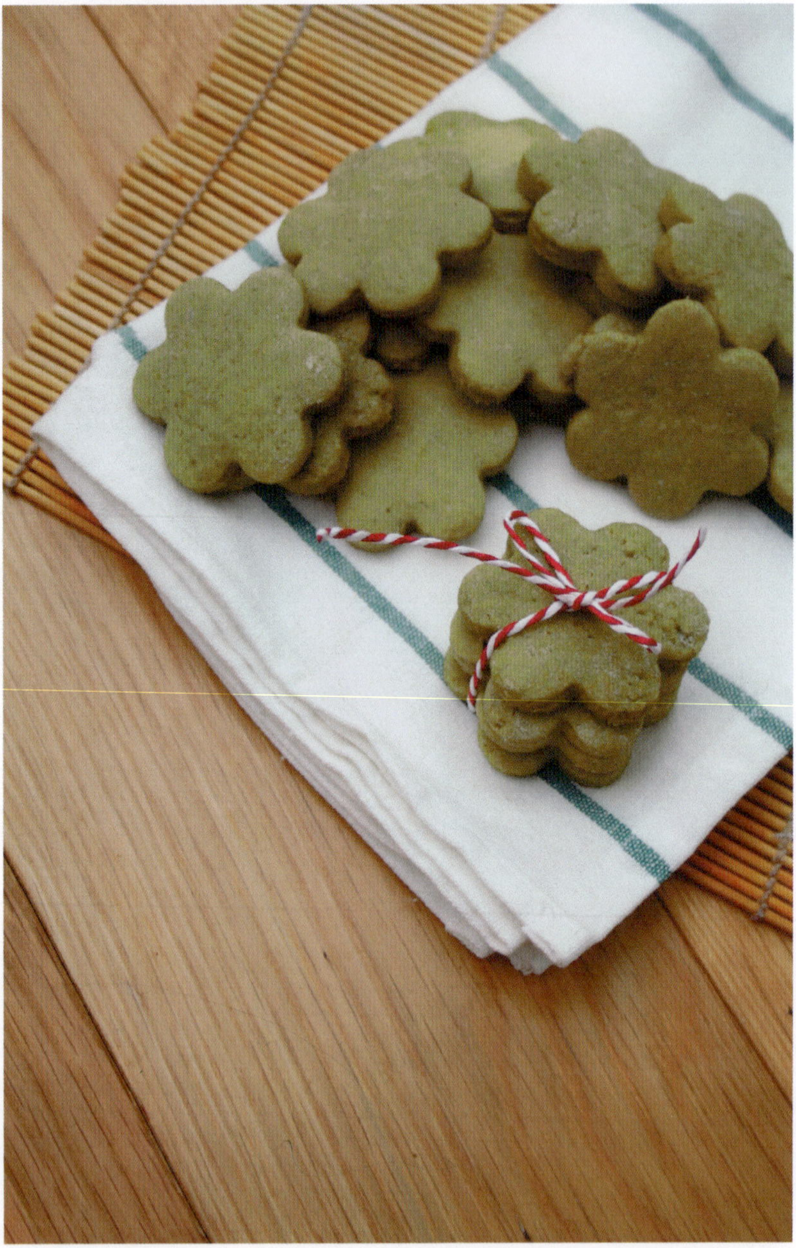

Biscuits Matcha

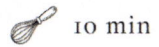

6 personnes — 10 min — 40 min

Ingrédients

1. 100 gr de farine de riz
2. 50 gr de poudre d'amande
3. 1 oeuf
4. 80 gr de sucre de canne bio
5. 50 gr de purée d'amande
6. 1 sachet de levure boulangère sans gluten ou 1 CAS de bicarbonate alimentaire
7. 1 CAS de thé matcha

Préparation

Préchauffez votre four à 180°C

Mélangez le sucre et le matcha

Ajoutez votre oeuf puis les autres ingrédients et mélangez le tout

Pétrissez la pâte à la main jusqu'à ce qu'elle devienne compacte et forme une boule, puis vous l'étalerez à l'aide d'un rouleau à pâtisserie sur votre plan de travail fariné au préalable pour ne pas que cela accroche.

Gardez une epaisseur de pâte d'environ 1 cm

À l'aide d'un emporte pièce vous allez découper vos biscuits puis les placer sur une plaque allant au four recouverte de papier sulfurisé.

Enfournez pour 15 minutes à 180°C

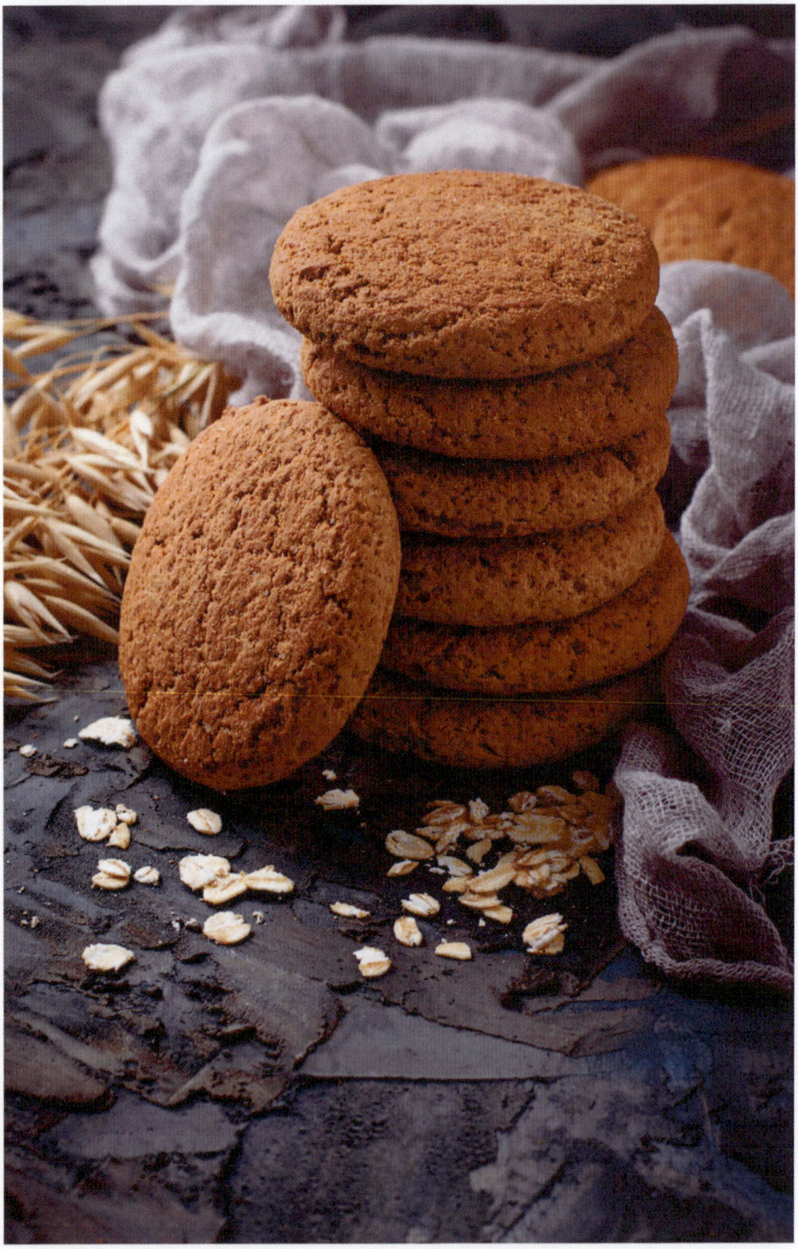

Sablé cacahuète chocolat

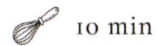

4 personnes   10 min   30 min

Ingrédients

1. 115 gr de farine de riz
2. 3 CAS de beurre de cachuete
3. 1 oeuf
4. 50 gr de sucre de canne bio
5. 20 gr de cacaco en poudre 100%
6. 1 sachet de levure boulangère sans gluten ou 1 CAS de bicarbonate alimentaire
7. 1 CAS de vanille en poudre

Préparation

Préchauffez votre four à 180°C

Mélangez le beurre de cachuète, le sucre ainsi que la vanille

Ajoutez votre oeuf puis les autres ingrédients et mélangez le tout

Pétrissez la pâte à la main jusqu'à ce qu'elle devienne compacte mais souple. S'il le faut ajoutez un peu plus de farine si besoin.

Formez dans vos mains des boules de l'épaisseur de votre choix.

Disposez vos boules sur une plaque allant au four recouverte de papier sulfurisé puis, à l'aide de vos doigts ou d'une fourchette, applatissez legerement vos boules pour obtenir la forme finale de vos biscuits.

Enfournez pour 15 minutes à 180°C

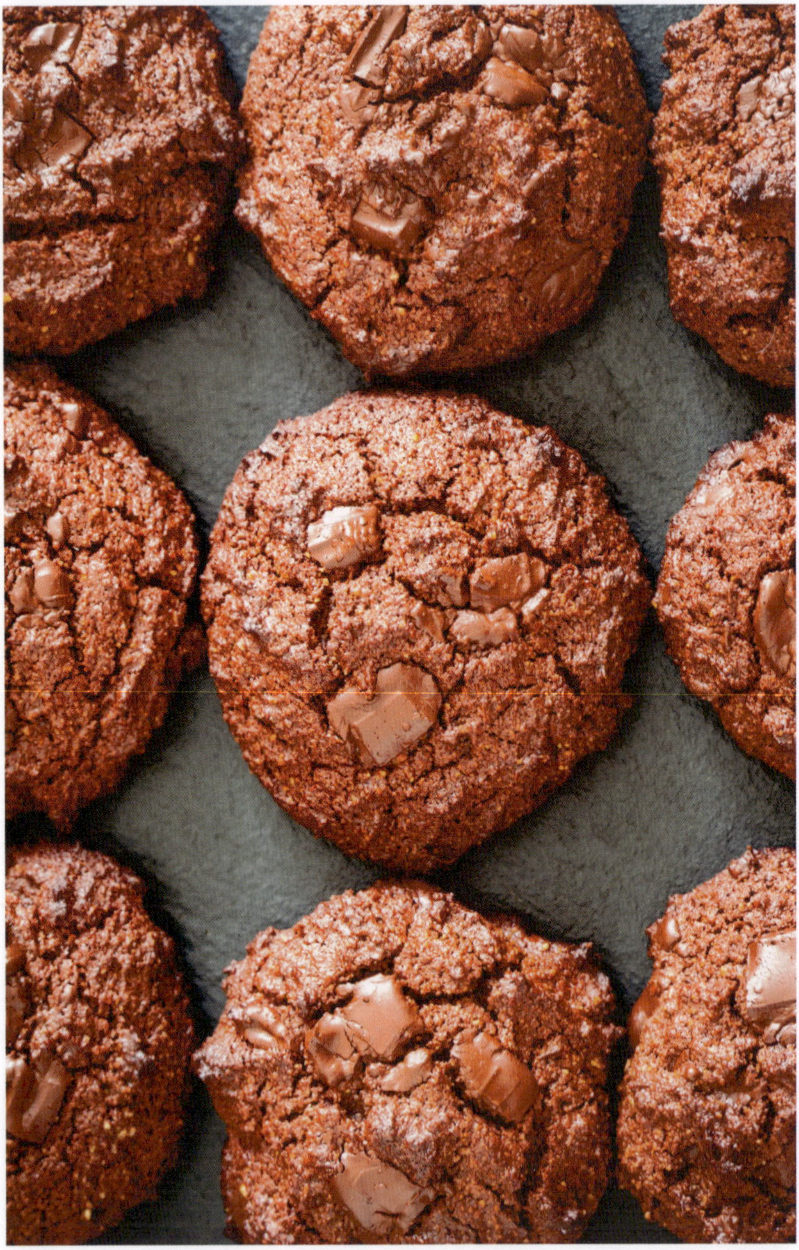

Le Browkies

4 personnes   10 min   40 min

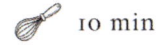

Ingrédients

1. 150 gr de farine de riz
2. 4 CAS de purée de noisette
3. 3 oeufs
4. 100 gr de sucre de canne bio
5. 100 gr de chocolat noir 70%
6. 30 gr de poudre de noisette
7. 1 CAC de vanille en poudre
8. 50 gr de pépites de chocolat noir

Préparation

Préchauffez votre four à 180°C

Battez vos oeufs avec le sucre jusqu'à ce qu'ils blanchissent

Au bain marie faites fondre votre tablette de chocolat sur feu doux, une fois liquide ajoutez votre purée de noisette et votre vanille puis remuez toujours sur feu doux.

Ajoutez vos ingrédients secs à vos oeufs puis votre mélange chocolaté et mélangez tranquillement.

Vous devriez obtenir une pate homogène et lisse legerement compacte.
Deux options :
1- À l'aide de 2 cuillères à soupe placez sur une plaque de cuisson des portions de browkies espacées les uns des autres.
2 - Dans vos mains formez des boules de pâte que vous placerez sur votre plaque de cuisson

Enfournez pour 25 minutes à 180°C

Printed in Great Britain
by Amazon